© TONY STEINHARDT – AUTHOR'S IMAGE

La Guelaguetza (offrandes) des enfants à Oaxaca.

Mosaïque de couleurs, de gens, de culture, d'histoires et de traditions, le Mexique est le pays du métissage par excellence. Son peuple est né du choc de deux mondes diamétralement opposés : le monde magique et mystérieux des civilisations précolombiennes et celui, épris de rationalisme et de puissance, du monde occidental. La nation mexicaine est le résultat – *el mestizage* – de cet extraordinaire mélange. Les différentes cultures s'expriment tous les jours partout, dans la rue, dans le bus, dans la cuisine, dans le moindre recoin d'un *pueblo*, partout… Sa géographie, si belle et imposante, et son climat si généreux, lui ont donné un cadre naturel grandiose qui tire bénéfice de ses deux grands océans, de ses reliefs tourmentés, de ses volcans – dont le majestueux Popocatépetl – de ses forêts tropicales et de bien d'autres richesses naturelles. De son passé si ancien et si riche, le Mexique a notamment gardé des traces indélébiles de l'époque précolombienne. Il y a plus de 3 000 ans, Olmèques, Aztèques et Mayas, entre autres, ont façonné cette civilisation. Plus récemment, il y a cinq siècles à peine, les conquistadors prenaient possession du Nouveau Monde et léguaient un autre patrimoine, colonial celui-là, mais tout aussi important.

Rares sont les pays qui offrent une telle richesse à la fois naturelle et culturelle dans un même espace. Bon voyage et bon séjour au pays des couleurs !

© VINCENT LEDUC – AUTHOR'S IMAGE

Le Temple du Vent à Tulum.

Sommaire

Découverte

Visite

Place du Zócalo à Mexico.

© S. NICOLAS - ICONOTEC

Atlantes à Tula.

Pense futé

Le Mexique

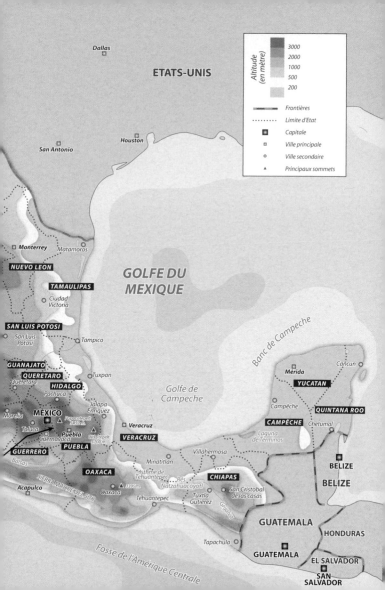

ETATS-UNIS

Dallas

Houston

San Antonio

GOLFE DU MEXIQUE

NUEVO LEON
Monterrey
Matamoros

TAMAULIPAS
Ciudad Victoria

SAN LUIS POTOSI
San Luis Potosi
Tampico

GUANAJATO
QUERETARO
Queretaro
HIDALGO
Pachuca
Tuxpan

Golfe de Campeche

Morelia
MEXICO
Popocatepetl 2430 m
Jalapa Enriquez
Toluca
Puebla
Iztaltepetl 5700 m
Cuernavaca
Veracruz
VERACRUZ

GUERRERO
Balsas
PUEBLA

SIERRA MADRE DEL SUR
OAXACA
Minatitlan
Villahermosa

Acapulco
3396 m
Isthme de Tehuantepec
Res. Natzahuacoyotl
Grijalva
CHIAPAS
San Cristobal de las casas
Oaxaca
Tuxtla Gutierez
Tehuantepec

Banc de Campeche

Mérida
Cancun
YUCATAN

Campêche
QUINTANA ROO
CAMPÊCHE
Chetumal
Laguna de Terminos

BELIZE
BELIZE

GUATEMALA

HONDURAS

Tapachula
GUATEMALA
EL SALVADOR
SAN SALVADOR

Fosse de l'Amérique Centrale

Altitude (en mètre)
3000
2000
1000
500
200

Frontières
Limite d'Etat
Capitale
Ville principale
Ville secondaire
Principaux sommets

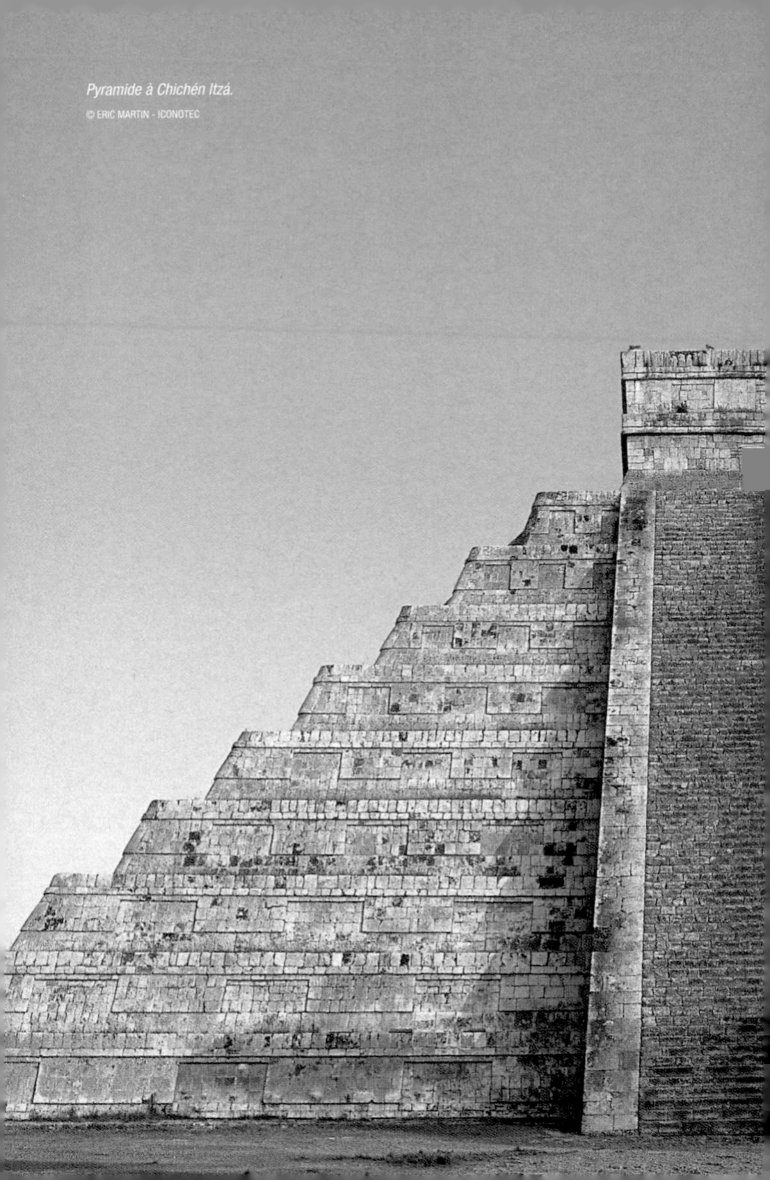

Pyramide à Chichén Itzá.

Les plus du Mexique

Un pays de couleurs et de contrastes

Pour le plus grand plaisir des yeux, le Mexique offre de multiples couleurs. On passe, d'une région à l'autre, du jaune or des Mayas convoité par les Espagnols au rouge vif des piments, couleur de la Révolution, en passant par le bleu de l'agave, plante servant à fabriquer la tequila, sans oublier le bleu turquoise de la mer de la Riviera maya.

Des climats diversifiés et très agréables

Le climat du Mexique offre de très bonnes conditions pour la visite du pays et cela durant toute l'année. Les zones tropicales se trouvent au sud du pays et sur les côtes du Pacifique et celles du golfe du Mexique. Toute la partie centrale du pays est en haute altitude, donc plus fraîche. Le Nord est semi-désertique et désertique, chaud et sec.

Une culture métissée extrêmement riche

Le Mexique, contrairement à de nombreux pays, offre en plus de son incroyable richesse naturelle, une palette culturelle impressionnante. Les civilisations les plus connues sont les civilisations olmèque, toltèque, maya et aztèque.

Et que dire des sites coloniaux espagnols qui sont d'une extrême beauté…

Des gens aimables et accueillants

Le Mexique a su créer un métissage d'Européens, en majorité espagnols, et d'indigènes (estimés à huit millions parlant plus de soixante langues) regroupés en une trentaine d'ethnies. Les Mexicains sont des gens curieux et accueillants. Ils aiment particulièrement les Européens et ont un fort penchant pour la culture française.

Une nature riche et généreuse

Les eaux du Mexique sont devenues un sanctuaire pour baleines d'une superficie à peu près équivalente à celle de l'Europe. C'est le plus grand au monde. Faire de la plongée au Mexique est idéal : le commandant Cousteau dira du golfe de Cortés que c'est l'aquarium du monde.

Un tourisme d'aventure et de découverte

Son exceptionnelle variété de paysages a permis le développement d'activités sportives et d'écotourisme avec pour toile de fond le riche passé historique du pays.

Agua Azul.
© ERIC MARTIN - ICONOTEC

Fiche technique

Argent

▶ **Monnaie :** le peso. Son symbole graphique est $ (à ne pas confondre avec le dollar américain). Son écriture bancaire est MXN.

Le Mexique en bref

Le pays

▶ **Nom officiel :** États-Unis du Mexique.

▶ **Capitale :** Mexico (appelée aussi D.F. pour Districto Federal).

▶ **Superficie :** 1 964 375 km² (près de 4 fois la France).

▶ **Divisions administratives :** 31 États et un État fédéral (Mexico).

Drapeau du Mexique

Les « Trois garanties » : c'est à travers cette devise que va prendre forme le nouveau drapeau du Mexique.
Juste avant l'indépendance de 1821, un accord est signé entre le gouverneur royaliste Agustin de Iturbe et le chef révolutionnaire Vicente Guerrero : ensemble, ils décident que le pays devra accéder à l'indépendance, préserver l'unité religieuse (le catholicisme), et garantir l'égalité des droits pour tous les citoyens. Le drapeau se pare ainsi des couleurs vert, blanc et rouge. Depuis, le vert symbolise l'espérance, le blanc l'unité et la pureté, tandis que le rouge représente le sang versé pour l'indépendance et l'unité des États mexicains. Les armes, au centre du drapeau, trouvent leur origine dans la légende aztèque. Selon celle-ci, la future cité devait se bâtir sur une île au milieu d'un lac : un aigle mordant un serpent, perché sur un cactus, devait signifier que ce lieu est bien l'endroit où devait être fondée cette cité.

La population

▶ **Population :** 107,4 millions (2006), 3e pays le plus peuplé d'Amérique après les États-Unis et le Brésil (en France 60,7 millions).

Fillette à Zacatecas.

▶ **Densité :** 54 hab/km² (en France 110).

▶ **Alphabétisation :** 92,2 %.

▶ **Espérance de vie :** 75,41 ans (en France 80,2 ans).

▶ **Population active :** 39,8 millions de personnes.

▶ **Population urbaine :** 75 % (en France 76,5 %).

▶ **Religions :** catholique (89 %), protestante (6 %) et syncrétisme.

L'économie

▶ **Taux de croissance** de la population : 1,16 % (France 0,8 %).

▶ **Composition ethnique :** 60 % de métis (Amérindiens et Espagnols), 30 % d'Amérindiens, 9 % de blancs, 1 % autres.

▶ **Taux de chômage :** 3,6 % (France 9,6 %).

▶ **PNB :** 753,4 milliards de dollars (en France 2 177,7).

▶ **PNB/habitants :** 7 310 dollars (France 34 810).

▶ **Indice de développement humain :** 0,8 (en France 0,95).

Saisonnalité

▶ **Haute saison :** décembre-mars et avril suivant les dates de la semaine sainte.

▶ **Moyenne saison :** juillet et août.

▶ **Basse saison :** entre avril et juin et entre septembre et novembre.

Ruelle de Cholula.

Le Mexique en 10 mots-clés

Aztèque

Les Aztèques sont une civilisation du Mexique précolombien (Teotihuacan). Ils formèrent un empire puissant – apogée au XVe siècle – jusqu'à ce que la conquête espagnole, dirigée par Hernán Cortés, les soumît définitivement en 1521.

Baleines

Le Mexique possède le sanctuaire de baleines le plus grand au monde en Basse Californie, grâce aux efforts de Greenpeace. Les baleines grises venant d'Alaska migrent chaque année pour y mettre bas leur baleineau avant de repartir ensuite vers les mers froides de l'Arctique.

Cactus

Pour nombre d'entre nous, le cactus fait partie du cliché mexicain. Peu présent dans le Sud, il abonde dans le Nord du pays et principalement en Basse Californie où l'on trouve des espèces endémiques. Les cactacées sont protégées, et il est interdit de les sortir de leur élément naturel car il faut plusieurs années pour qu'un cactus pousse.

Chiles (piments rouges)

Le Mexique est le pays au monde où il existe la plus grande variété de piments, du plus doux au plus fort. Les Mexicains mangent constamment pimenté !

Historiquement, le piment a sa raison d'être : il a des vertus antiseptiques. On dit qu'il y a autant de piments au Mexique que de fromages en France (plus de 400 !). Le piment est le symbole parfait du contraste mexicain, doux – fort.

Clandestins

Enormément de Mexicains, plusieurs centaines de milliers par an, passent et repassent inlassablement la frontière nord-américaine longue de 3 000 km. Cette vieille immigration n'a de cesse, malgré de nombreuses mesures (l'ALENA, les *maquiladores*), et alimente une population latino, très nombreuse aux Etats-Unis, surtout en Californie.

© VINCENT LEDUC - AUTHOR'S IMAGE

Quadrilatère des Nonnes à Uxmal.

© SYLVIE LIGON

sites de Uxmal, Palenque, Chichen Itza, et bien d'autres.

Paradoxe

Un dicton qu'affectionnent les Mexicains illustre bien cette dualité : « Lorsque Dieu créa le monde dans un élan de générosité extrême, il gratifia le Mexique, d'immenses réserves d'or ; il lui dessina une côte somptueuse plongeant dans des eaux poissonneuses ; il dressa des montagnes magnifiques regorgeant de gibiers… puis soudain, regardant la création: " Pourquoi favoriser à ce point un pays plus que les autres ? " Alors, afin de rétablir l'équilibre, Dieu peupla le pays de Mexicains… »

Frijoles (haricots)

Ce sont des haricots, légumes secs à l'origine (avec le maïs) de la sédentarisation des premiers hommes au Mexique (civilisation olmèque). Il en existe une grande variété : noirs, beige rosé, blancs, rouges ou tachetés. On les sert à tous les repas, soit en soupe, soit en accompagnement du plat principal, sous forme de purée ou *refritos*, c'est-à-dire écrasés et revenus à l'huile.

Mayas

Les Mayas vivaient, et vivent encore, au Mexique dans la péninsule du Yucatán mais ce peuple méso-américain s'étend aussi au Guatemala, Belize, Honduras. Parmi les civilisations précolombiennes, celle des Mayas témoigne du raffinement d'une société très hiérarchisée, dominée par une aristocratie dirigeante de Cités-Etats. Les traces de cette civilisation sont très nombreuses et d'une extrême richesse comme en témoignent les

Sombrero (chapeau)

De nombreux Mexicains d'un certain âge portent un chapeau. Par contre, le cliché du Mexicain sous un grand *sombrero*, c'est uniquement pour le jour du Grito, la fête nationale du 15 septembre célébrant l'indépendance du Mexique vis-à-vis de la couronne espagnole. Parmi les chapeaux, il y a les *jipis*. Ce sont des panamas de Becal, ville située entre Merida et Campeche. On les appelle *jipis*, d'après la palme de *jipijapa* qui sert à les fabriquer. Les chapeaux les plus fins sont assez souples pour que, pliés, ils passent à travers une bague.

Tequila

La tequila est l'eau-de-vie par excellence du Mexique. L'agave bleu s'apparente à un cactus qui a de longs pics très durs et légèrement bleutés. Cette variante d'agave sert à fabriquer la tequila qui est majoritairement élaborée dans la ville du même nom, dans l'Etat de Jalisco.

Survol du Mexique

Géographie

D'une superficie de 1 964 375 km² (près de 4 fois la France), le Mexique est le cinquième plus grand pays du continent américain. Sa frontière Nord avec les Etats-Unis est de 3 152 km, dont 2 493 correspondent au cours du fleuve Bravo, ou Rio Grande, de Ciudad Juárez jusqu'au golfe du Mexique. Le Sud-Est, limité par le Belize et le Guatemala, s'étend sur 1 149 km dont 85 km correspondent au fleuve Suchiate et 300 km aux fleuves Chixoy et Usumacinta. La limite entre ces deux grandes régions est marquée par la terre volcanique transversale, qui s'étend entre le golfe du Mexique et l'océan Pacifique et offre les sommets les plus élevés du pays : El Pico de Orizaba, ou Citlaltépetl (le coteau de l'Etoile), 5 747 m d'altitude, et le Popocatépetl qui culmine à 5 450 m.

Les deux plus grands océans du monde baignent un Mexique, doté de 9 219 km de côtes – 6 608 km côté Pacifique et 2 611 km côté Atlantique – mais, paradoxalement, peu maritime.

Climat

Le Mexique est un pays tropical (le tropique du Cancer coupe le pays à peu près en deux, passant au nord de Mexico), un pays montagneux (42 % au-dessus de 2 000 m) et bordé par deux océans. Sa climatologie est donc diversifiée. Mais en gros, en fonction de l'altitude et de la latitude, on distingue au Mexique trois grands ensembles naturels : le Sud tropical, chaud et humide ; le Nord semi-aride, chaud et sec et le Centre volcanique ; doux ou frais suivant l'altitude. L'Altiplano et les basses terres connaissent un climat tropical à deux saisons : l'une

© ERIC MARTIN - ICONOTEC

Monte Albán.

sèche, de novembre à mai et l'autre humide, de juin à octobre. Au Mexique, le passage des saisons n'est pas aussi marqué que dans les autres régions du monde.

Écologie et environnement

La richesse naturelle mexicaine est menacée par la pollution humaine, et par le développement excessif de centres touristiques. De nombreux lieux n'ont pas les moyens d'être équipés de stations d'épuration et de nombreuses nappes phréatiques et lacs sont contaminés. Le Mexique possède de nombreuses Réserves de la biosphère de l'Unesco et parcs nationaux. Ces espaces naturels sont un échantillon de la faune et de la flore locales. Des organismes nationaux, des infrastructures diverses, des entreprises privées permettent aux visiteurs de mieux aborder ces espaces.

Faune et flore

La grande diversité climatique et géographique est un atout essentiel à la richesse de la faune et de la flore. La zone désertique, située au nord du pays, est le lieu privilégié de toute une variété d'espèces de cactacées qui résistent à la sécheresse grâce à leurs tiges charnues gorgées d'eau. Les versants montagneux de la Sierra Madre sont recouverts par endroits de forêts de résineux, refuges des pumas, coyotes et cervidés. Les régions côtières sont bordées de forêts tropicales ou forêts d'épineux selon la zone climatique.
La faune marine, quant à elle, est composée de nombreuses espèces protégées : les tortues marines affluent sur le littoral mexicain au moment

Iguane à Uxmal.

de la saison des pontes (entre juillet et mars). Mangroves et marécages abritent dans leurs eaux troubles le mythique crocodile, que les Mexicains appellent familièrement lagarto, c'est-à-dire lézard. Outre l'arc-en-ciel de poissons multicolores qui peuplent le récif corallien et font le bonheur des plongeurs, les eaux plus profondes abritent dauphins, requins et baleines, entre autres. La Basse Californie ainsi que les îles qui l'entourent sont le repère des otaries et éléphants de mer, dont les mâles peuvent mesurer jusqu'à six mètres et peser pas loin de quatre tonnes.
La forêt tropicale humide s'étend depuis l'Etat d'Oaxaca jusqu'à la péninsule du Yucatán. C'est dans cet « enfer vert » qu'ont choisi d'évoluer les jaguars, les ocelots, les fourmiliers, les tapirs et les reptiles en tout genre.
Le Mexique est également un sanctuaire d'oiseaux migrateurs (oies, canards, flamants roses) qui viennent lors de la période hivernale gonfler les effectifs des 1 425 espèces d'oiseaux recensés dans le pays. Le papillon monarque fait aussi partie de ceux qui fuient l'hiver canadien pour venir se reproduire par centaines de milliers dans l'Etat de Michoacán.

Histoire

Civilisation olmèque

La sédentarisation de peuples nomades de chasseurs-cueilleurs (grâce à l'agriculture du maïs, des haricots et du piment) est à l'origine de la civilisation sur le continent américain 3 000 ans environ avant Ier J.-C. La première grande civilisation méso-américaine connue, celle des Olmèques (ère préclassique, XVe siècle av. Ier J.-C.), influença les peuples qui entrèrent en contact avec elle. Le centre de pouvoir des Olmèques se situait dans la région du golfe du Mexique, près de Veracruz et de Tabasco. La plus importante de leurs cités s'appelait La Venta. Ce que nous savons sur l'architecture et les coutumes des Olmèques provient des emprunts qu'en firent des civilisations plus récentes.

Grandes civilisations classiques

Elles sont apparues entre le IIIe et le Xe siècle.

Teotihuacán

Cette cité théocratique a atteint son apogée au VIIe siècle. Située dans la vallée de l'Anahuac, sur l'Altiplano elle comprend deux pyramides, consacrées l'une au Soleil, l'autre à la Lune, et de nombreux temples. Elle fut probablement, avec ses 200 000 habitants, la ville la plus peuplée du monde à cette époque. Son déclin survint dès le VIIIe siècle. Incendiée et pillée, Teotihuacán fut abandonnée.

Monte Albán

Située dans l'État d'Oaxaca, au sommet d'une colline, cette ville fut habitée

sans discontinuer depuis le IVe siècle av. J.-C. jusqu'à l'arrivée des Espagnols. On y distingue plusieurs influences : celle des Olmèques, puis celles de Teotihuacán et des Zapotèques et des Mixtèques. Son apogée se situe entre le VIIe et le VIIIe siècle, époque où la ville compta jusqu'à 35 000 habitants, avant son abandon progressif. L'isolement géographique fut probablement la cause de cette désaffection.

Mayas

Du Ier au Xe siècle, la culture maya s'ordonna autour de plusieurs centres urbains. Son apogée se situe aux VIIe et VIIIe siècles. Le déclin et la dissolution de cet empire restent inexpliqués. Changement de climat, épidémies, révolutions, invasions ?

Période postclassique (du Xe au XVIe siècle)

La destruction de ces grands centres par des tribus moins civilisées ne provoqua pas leur totale disparition. D'autres civilisations importantes s'y installèrent parmi lesquelles les Toltèques, les Mixtèques et les Aztèques.

Toltèques

C'est une civilisation encore peu connue. Certains textes anciens situent la chute de Tula, la capitale, en l'an 999. Elle aurait été consécutive à la disparition du roi Quetzalcoatl, parti s'exiler en terres mayas. D'autres historiens affirment que plusieurs rois lui ont succédé jusqu'au XIIe siècle. Au Yucatán, l'influence toltèque est

© SYLVIE LIGON

Détail du site de Palenque.

évidente à partir de l'an mille. Les Itzas, nom qui a pu être donné aux Toltèques par les Mayas, s'installèrent à Chichén Itzá où ils construisirent une ville, qui serait la reproduction de Tula.

Mixtèques

Après la décadence de Monte Albán, les relations reprirent avec les voisins mixtèques. Vers l'an mille, ceux-ci supplantèrent les Zapotèques, mais pour peu de temps, car l'influence mixtèque finit par se fondre dans le substrat zapotèque à tel point que leur langue disparut vite des vallées centrales.

Aztèques

Originaires de la mythique Aztlan, les Aztèques entreprirent un voyage qui dura deux siècles, avant de s'établir dans la vallée de Mexico, à l'endroit où, selon la légende, un aigle dévorant un serpent sur un cactus (emblème du drapeau mexicain) leur aurait indiqué l'emplacement de leur ville.

C'est ainsi qu'ils fondèrent Tenochtitlán en 1325. Cette tribu fit la conquête des petits royaumes voisins, soumit les villes de Tlatelolco, construisit des temples et des palais somptueux. Son influence s'étendit jusqu'aux côtes du golfe et du Pacifique. Sa splendeur suscita l'admiration des Espagnols lorsqu'ils s'en emparèrent le 13 août 1521.

Conquête et colonisation

Cortés débarqua sur la côte du golfe du Mexique (qu'il baptisa Veracruz) le 22 avril 1519 et vainquit les Aztèques à Technotitlan (l'ex-Mexico) le 13 août 1521. Les missionnaires que l'Eglise expédia dans le Nouveau Monde étaient chargés de convertir les Indiens par l'épée, d'adapter l'Evangile aux croyances indigènes et d'établir des grandes propriétés employant la main-d'œuvre locale en de véritables travaux forcés. Les missionnaires firent construire leurs églises avec les pierres des temples mis à bas par les conquistadores. Ils brûlèrent les livres anciens, et plus tard les hommes.

El Grito (le cri)

L'exploitation du Nouveau Monde fit de l'Espagne la plus grande puissance mondiale. Mais en Amérique latine de nombreuses colonies renâclaient devant une exploitation qui ne leur assurait aucune protection. L'année même où l'Argentine se soulevait, le père Hidalgo se dressait contre l'Espagne et poussait, le 10 septembre 1810, son célèbre *grito* (cri) pour l'indépendance. Conduites par les prêtres Hidalgo et Morelos, les classes pauvres se soulevèrent contre les Espagnols et les créoles. Ainsi naquit

un mouvement de libération qui n'allait plus s'arrêter. Après quelques succès, Hidalgo fut arrêté et fusillé. A son tour, le père Morelos brandit l'étendard de l'indépendance. En 1820, accusé de trahir le roi d'Espagne, le vice-roi Agustín de Iturbide se rangeait avec l'armée aux côtés des indépendantistes. L'indépendance du Mexique est proclamée en 1821 et l'année suivante comme une récompense, Agustin de Iturbide s'autoproclame Agustín Ier Empereur du Mexique. Son règne ne dura guère : il fut trahi, déposé et assassiné.

La guerre avec les États-Unis

Les déboires politiques de la nation mexicaine allaient affaiblir et ruiner le pays. En 1835, le Mexique perdait une grande partie du Texas, qui s'étendait alors presque jusqu'à la frontière canadienne. Puis, ce fut le tour d'un territoire beaucoup plus vaste, connu comme le Llano: ce gigantesque espace fut absorbé par les Etats-Unis en 1848 après que les Américains eurent envahi le Mexique et occupé sa capitale.

L'intervention de la France

C'est à partir de l'accession de Benito Juárez à la présidence de la République que le Mexique devint un pays important. Cependant, les très lourds emprunts qu'il avait contractés à l'étranger lui valurent plusieurs interventions armées destinées à hâter le remboursement de sa dette. En 1863, l'armée française occupait la ville de Mexico. En 1864, Napoléon III installait Maximilien de Habsbourg sur un trône qui retrouvait ainsi sa vitalité. Mais en 1866, le 5 mai (5 de Mayo), les Mexicains battaient

© SYLVIE LIGON

Statue sur le Cerro de la Bufa, Zacatecas.

l'armée française à Pueblo. Maximilien fut fusillé en 1867. Un ex-libéral, le général Porfirio Díaz, qui s'était distingué contre l'armée française, devint président du Mexique en 1876 et gouverna le pays jusqu'en 1910, durant une période connue comme le Porfiriato.

le Porfiriato

L'un des aspects les plus confus de l'histoire du Mexique, mais nécessaire pour comprendre la politique actuelle, est la révolution qui engloba la période comprise entre 1910 et 1920. Les racines de la révolution sont à chercher dans la longue dictature de Porfirio Díaz. Les conditions de travail des paysans et des ouvriers étaient proches de l'esclavage. Tandis que les Indiens turbulents du Nord étaient transportés de force dans les plantations du Yucatán, les conditions de vie dans les plantations de café du Chiapas étaient dignes de celles des Etats du Sud américain avant la guerre de Sécession.

La Révolution

En 1910, on s'attendait à ce que Díaz renonçât au pouvoir.
Au lieu de renoncer, Díaz décida d'organiser des élections. Le candidat libéral, Francisco Madero, venait d'une riche famille de l'Etat de Coahuila, au nord-est du pays. Les Madero étaient les seuls dans tout le Mexique à contrôler leurs propres structures minières et leurs outils d'exploitation. Diaz le fit arrêter, certain qu'il allait gagner les élections. Finalement relâché, Madero commença à organiser son mouvement.
En novembre 1910, il rendait public le « Plan de San Luis Potosí ». La révolution éclata. Díaz suspendit les libertés civiles. En mai 1911, Pancho Villa, général de l'armée du Nord, s'emparait de Ciudad Juárez et contraignait Díaz à se démettre. Le vieux dictateur s'enfuit à Paris où il finit sa vie. Madero fut élu président du Mexique en novembre 1911. Tout aurait pu aller bien pour Madero s'il n'avait oublié que la base de son pouvoir était la paysannerie,

Rencontre à Ocotlan.

et que la redistribution des terres, en particulier les terres confisquées, était une priorité absolue. Déçu, Emiliano Zapata, général de l'armée du Sud, se retira du gouvernement, rentra chez lui à Morelos, et mit au point le « Plan de Ayala » qui réclamait la redistribution des terres. Madero prit la décision inconsidérée de marcher contre le général. Zapata et ses hommes écrasèrent les troupes gouvernementales dans les Etats de Morelos, Guerrero, Mexico et Tlaxcala.

Les généraux au pouvoir

Ayant absorbé les rebelles dans son armée, le général Huerta fit arrêter le président Madero et son vice-président, Pino Suárez, les fit exécuter et se proclama président.

Aussitôt, l'opposition se mit en marche contre Huerta : Villa dans le Chihuaha, Obregón dans le Sonora, Venustiano Carranza dans le Coahuila et certainement Zapata dans le Morelos. Après une lutte sauvage, Huerta démissionna en juillet 1914,

et s'enfuit hors du pays à bord d'un vaisseau de guerre allemand. Les vainqueurs entrèrent dans la capitale et commencèrent à se battre entre eux.

La lutte contre Pancho Villa

En fin de compte, Carranza et Obregón réunirent leurs forces et Villa perdit la bataille de Celaya en 1915. Carranza devenu président du Mexique, il ne se sentait pas en sécurité. Comme les autres avant lui, le nouveau président ne fit rien pour les *campesinos* qui supportaient tout le poids des combats sans rien y gagner.

Obregón conseilla à Carranza de fuir le pays pendant qu'il était encore temps : Obregón se proclama président du Mexique.

Obregón consolida la révolution, mais comme les autres il eut son dû en 1928. Son successeur, Plutarco Calles, instaura la structure politique du Mexique qui fonctionne aujourd'hui encore.

Le long chemin vers la démocratie

En 1934, le général Lázaro Cárdenas, élu président, mène une politique d'indépendance économique et de modernisation. Il nationalise le pétrole et distribue les terres promises aux paysans depuis la révolution. En 1940, sous la présidence d'Avila Camacho, le parti révolutionnaire devient le PRI (Parti Révolutionnaire Institutionnel), qui regroupe l'ensemble des forces et tendances politiques de la nation. Jusque dans les années 1970, il ne permet aucune opposition. Le 1er janvier 1994, avec le soulèvement indigène conduit par l'EZLN (Armée Zapatiste de Libération Nationale) dans l'Etat de Chiapas, le Mexique tourne une nouvelle page de son histoire. L'incapacité du pouvoir à élucider les assassinats politiques de 1994, la crise économique de décembre 1994, la dévaluation brutale du peso, la découverte de détournement de fonds publics, la corruption et l'impunité généralisées, ainsi que la pénétration du narcotrafic à tous les niveaux de l'Etat, provoquent un profond mécontentement. Cette insatisfaction se manifeste lors des élections en 1996-1997: le PRI perd la majorité absolue au Parlement.

Des élections libres

Ernesto Zedillo, en 1997, engage une réforme et charge l'IFE (Institut Fédéral Electoral) de surveiller la bonne marche des élections du 2 juillet 2000. C'est donc la première fois dans l'histoire mexicaine que peut s'exprimer librement le ras-le-bol des citoyens face à ce « dinosaure » de parti hégémonique. Avec 43 % des voix, le « cow-boy » de l'opposition, Vicente Fox (PAN) remporte les élections présidentielles devant Francisco Labastida (PRI) qui n'a rassemblé que 36 % des suffrages. Mais, désabusé, le peuple se désintéresse de la politique un peu plus chaque jour comme l'attestait déjà l'incroyable taux d'abstention lors des élections législatives de 2003, qui s'élevait à 60 %.

© SYLVIE LIGON

Découverte de la réserve de Guerrero Negro.

Population et mode de vie

Marché de San Cristóbal de Las Casas.

Démographie

Les deux groupes majoritaires du Mexique sont les *mestizos* (mélanges d'Indiens et d'Européens) et les *indígenas* (descendants directs des civilisations préhispaniques), auxquels s'ajoutent des descendants des esclaves africains, des émigrés asiatiques et européens.

Les villes principales – Mexico DF, Guadalajara, Monterrey – occupent 2 % du territoire mais concentrent plus de 25 % de la population. La population urbaine représente environ 74 % de la population totale. La densité de la population est de 52 hab./km² mais il existe de très grandes disparités. Ainsi certains Etats, comme Chihuahua, Sonora, Campeche et Durango, con-naissent une densité de 12 hab./km², tandis que dans le District Fédéral, elle est de 5 634 hab./km². La Basse Californie Sud, quant à elle ne dépasse pas les 6 hab /km².

Mode de vie

L'Eglise, le machisme, le statut de la femme, trois ingrédients réunis qui donnent une coloration spéciale à l'une des plus anciennes institutions. La famille évolue parallèlement aux transformations des mœurs et de l'économie. On parle beaucoup de dislocation des liens familiaux, on en parlait déjà dans le temps – ce semblait être une norme – de *casa grande* et *casa chica*. La première désigne la famille formée par l'épouse légitime et ses enfants, tandis que la seconde désigne la (les) maîtresse(s) avec enfants, parfois reconnus, souvent illégitimes. Le devoir d'honneur dictait à l'homme de prendre en charge l'amante et le fruit de leurs amours cachées. C'est souvent après sa mort – surtout lorsqu'il jouissait d'une certaine aisance financière – qu'on lui découvrait une descendance nombreuse.

Religion

Bien que les premiers leaders politiques mexicains aient été membres du clergé, la hiérarchie et les institutions de l'Eglise catholique n'ont cessé de combattre les mouvements d'indépendance. Après la révolution, l'Eglise se retrouva officiellement hors la loi. A ce jour encore, l'Etat refuse de reconnaître l'Eglise catholique. De fait, l'Eglise n'a pas droit à la propriété, ses bâtiments appartiennent à l'Etat, elle ne peut diriger d'écoles privées et les prêtres ont interdiction de porter la soutane dans la rue. La position officielle de l'Eglise semble toutefois s'être quelque

Indienne Tarahumara et son enfant.

peu modifiée : afin que l'existence de l'Eglise soit reconnue officiellement des pourparlers ont été engagés pour nouer des relations diplomatiques avec le Vatican. Le Mexique est un pays dont la population est issue du mélange d'un peuple catholique et d'une civilisation préhispanique aux multiples dieux. Malgré les efforts des Espagnols pour convertir les Indiens, de nombreuses croyances préhispaniques subsistent et se sont immiscées dans les pratiques catholiques.

Église Nuestra Señora de los Remedios à Cholula.

Arts et culture

Artisanat

Jusqu'à ce que le Mexique s'ouvre sur le monde extérieur et attire un nombre croissant de visiteurs, l'artisanat revêtait un côté bien plus fonctionnel que décoratif. C'est pourquoi, les autochtones restent fidèles aux *tianguis* (marchés d'artisanat) et se mêlent aux touristes pour acheter, non pas des souvenirs, mais des objets usuels qui participent à leur quotidien. Chaque Etat tente de se distinguer par sa production artisanale, et offre autant de diversités que de couleurs.

Cinéma

Sans aucun doute, l'âge d'or du cinéma mexicain fut la période des années quarante et cinquante. Les films inspirés de Luis Buñuel, les contes poétiques d'Emilio Fernández, mais aussi les comédies de série *Tin Tan* et *Cantinflas*, et les drames quotidiens avaient une profondeur et une qualité qui n'ont plus leur équivalent aujourd'hui. Ce cinéma a été suivi de films *charro*, ainsi baptisés du nom des pâtisseries insipides, industriellement produites. Il n'empêche que le cinéma mexicain produit toujours de très bons films : *Amores Perros* avec Gael García Bernal ou encore *La Ley* de Herodes.

Littérature

Si les premiers à faire la littérature mexicaine sont les Espagnols, il ne faut pas oublier que les Mayas utilisaient déjà une forme d'écriture hiéroglyphique, qu'ils conservaient sur des codex. L'œuvre maîtresse de la littérature précolombienne est le *Popol Vuh*, qui retrace la genèse des civilisations ainsi que le mythe de la création du monde.

© SYLVIE LIGON

Chez un bottier d'Hidalgo del Parra.

Mariachis à Mexico.

La conquête digérée et la colonisation bien établie, les enfants nés du mélange entre le Vieux et le Nouveau Monde commencèrent à prendre la plume, en mêlant les événements nationaux aux courants venus d'Europe.

La dictature de Porfirio Díaz alimenta les œuvres réalistes, dans lesquelles la société fut décortiquée et mise à nu dans ses formes les plus viles. L'identité et la tradition nationale naquirent véritablement à la suite de la révolution mexicaine. Cette nouvelle génération d'auteurs, dont font partie entre autres, Carlos Fuentes, Juan Rulfo, Octavio Paz, dépeint la société mexicaine et les fondements qui font ce qu'elle est devenue.

Musique

La musique la plus facilement abordable pour les visiteurs est celle des mariachis. Un groupe instrumental de mariachis se compose de quelques violons, de deux ou trois trompettes, de guitares, d'une guitare dite *vihuela* et d'un *guitarrón* (sorte de contre-basse). L'un des groupes les plus connus aujourd'hui est celui d'El Mariachi Vargas de Tecalitlán.

On pourra voir des mariachis sur la place centrale dans presque toutes les villes du pays. La *canción ranchera*, aux accents rauques, est chantée avec une voix d'alto pour les femmes et une voix de ténor pour les hommes.

La *música ranchera* peut être considérée comme l'équivalent mexicain de la « country and western music » nord-américaine. Il convient de mentionner Pedro Infante, Javier Solís et Vicente Fernández. Ces dernières années, les formes régionales de la musique mexicaine comme les mariachis sont de plus en plus remplacées par la *música norteña*, originaire du Nord du pays, mais qui tend maintenant à dominer partout. L'instrument principal était l'accordéon, auquel vinrent s'adjoindre guitares, contrebasse et, aujourd'hui, percussions.

Peinture

L'art pictural mexicain peut se diviser en trois temps : la peinture précolombienne, élaborée à base de teintures végétales et minérales ainsi que de sang ; la peinture coloniale reprend les traits de l'esthétisme européen, sous la forme d'art religieux ; le troisième temps de l'histoire de la peinture mexicaine naît après la révolution de 1910, sous la forme de fresques murales. Trois peintres « muralistes » se distinguent au travers de cette nouvelle forme d'art populaire : Diego Rivera, David Alfaro Siqueiros et José Clemente Orozco. C'est le gouvernement même qui, dans les années 1920, cautionna l'émergence de ce phénomène artistique, en finançant de jeunes artistes pour décorer les murs et façades des édifices publics. Citons également la femme de Rivera, dont la réputation n'est plus à faire, Frida Kahlo, adulée dans le monde entier pour sa peinture surréaliste unique mise au service le plus souvent de portraits boulversants d'émotions.

Palacio nacional de Mexico, fresque de Diego Rivera.

Cuisine mexicaine

Grâce à un savant mélange, le Mexique a su conserver les traditions indiennes, enrichies de produits européens. Mais il faut savoir que bon nombre d'aliments que nous consommons à l'heure actuelle, furent importés du Nouveau Monde au moment de la conquête : maïs, haricot, piment, patate douce, manioc, cacao, tomate, vanille…

Plats et produits typiques

→ **Piment**. Le piment fait partie inté-grante de la cuisine mexicaine, d'autant plus qu'il offre une diversité étonnante à ceux qui savent l'apprécier. Le pays dispose d'une grande variété de *chiles*, dont les plus connus sont *el serrano*, vert et fin ; *el xalapeño*, plus gros et préparé généralement en vinaigrette ; *el poblano*, servi farci de viande ou de fromage.

→ **Maïs.** Le maïs est encore aujourd'hui l'aliment principal de la cuisine mexi-caine. Il était consommé sous de nombreuses formes à l'époque pré-colombienne, dont beaucoup se sont conservées : en galettes (*tortillas*), en pâtés fourrés de viande et cuits à la vapeur (*tamales*), en bouillie (*atole*). Les *tortillas* sont servies à tous les repas. Les *tacos* sont des *tortillas* roulées, farcies de viande ou de légumes. Les *quesadillas*, pliées en deux, sont fourrées au fromage, à la fleur de courgette (*flor de calabaza*), au piment, aux champignons ou aux pommes de terre. Les *enchiladas* sont toujours agrémentées de *chile*, garnies de salade, de tomate, de crème et de fromage râpé, et roulées avant d'être frites ou passées au four. Les *sopes* sont des *tortillas* plus petites,

© SYLVIE LIGON

Stand au marché de Mexico City.

plates avec un léger rebord. Elles sont préparées comme les *tacos* ou simplement tartinées de purée de haricots (*frijoles*), avec de la tomate et de la coriandre. Les *chilaquiles* sont des *tortillas* roulées, frites dans une sauce au piment et fourrées de viande, chorizo, haricots, oignons, avocat et fromage. Les *tamales* sont des sortes de pains mous éventuellement fourrés d'un peu de viande, de poulet ou de piment et cuits à la vapeur dans des feuilles de maïs ou de bananier. Le *pozole* est une soupe de grains de maïs et de viande.

→ **Haricots.** Les *frijoles* (haricots) : il en existe une grande variété (noirs, beige rosé, blancs, rouges ou tachetés). On les sert à tous les repas, soit en soupe, soit en accompagnement du plat principal, sous forme de purée ou refritos, c'est-à-dire écrasés et revenus à l'huile.

→ **Sauces**. Le *mole* est une sauce préparée avec différents chiles secs et moulus auxquels on rajoute du cacao et diverses épices. Le plus connu est le *mole poblano* (originaire de Puebla), mais il y a aussi le *mole verde* (préparé avec de la tomate verte), *rojo* (rouge) et *amarillo* (jaune). Le *guacamole* est une purée d'avocat mélangée à de l'oignon, du *chile* vert, du cerfeuil et une tomate verte. On le mange avec des *tostaditas* (morceaux de *tortillas* frits à l'huile). Le *pipian* est une sauce rouge ou verte préparée avec des graines de courges moulues et mélangées avec du *chile*.

Boissons

→ **La tequila.** La tequila est un alcool blanc, qui oscille entre 50 et 60°, et prend une couleur ambrée avec l'âge. Si elle participe à l'élaboration de nombreux cocktails, sa dégustation à l'état pur s'accompagne d'un véritable rituel auquel sont nécessaires des quartiers de citron vert et du sel.

→ **Le mezcal.** Alcool de l'aloès, avec son *gusano de maguey* (ver de l'aloès).

→ **Le *pulque*.** Alcool ancestral déjà fabriqué par les peuples préhispaniques.

Curiosités culinaires

→ *Le nopal (feuille de cactus de Barbarie), dont on enlève les épines et que l'on cuit à l'eau, rappelle un peu le goût des haricots verts.*

→ *Le chapullin (sauterelle), spécialité d'Oaxaca, se mange généralement grillé dans un taco avec du guacamole.*

→ *Le gusano de maguey (ver de l'aloès), blanc ou marron, se ramasse au cours des mois d'avril et mai, et se consomme frit en tacos. On le trouve également à macérer dans les bouteilles de mezcal.*

→ *La flor de calabaza (fleur de courge) en gratin, se mange en tacos ou en soupe.*

C'est en creusant le cœur du *maguey* (un cactus qui a de grandes feuilles) et en le grattant au fil des jours, que l'on récolte l'*agua miel*, liquide blanc qu'il faut faire fermenter par la suite.

→ **La bière** (*cerveza*). Elle accompagne généralement les repas mexicains. Elle est légère et de bonne qualité. Les meilleures blondes (*claras*) ont pour nom Corona, Tecate, Bohemia, Superior, Carta Blanca. Pour les brunes (*oscuras*), la Dos Equis (XX) et la Negra Modelo.

→ **Les *licuados*.** Ces délicieux jus de fruits préparés avec de l'eau ou du lait (sorte de milk-shake). Le Mexique est le pays de tous les fruits et de tous les jus.

Tacos à Divisadero.

Piments rouges.

Bouteilles de Mezcal.

Enfants du pays

© SYLVIE LIGON

*Indienne Tarahumara
confectionnant des vanneries.*

Guillermo del Toro

Réalisateur, scénariste et producteur, Guillermo del Toro est une référence dans le monde du cinéma. Sa réputation a largement dépassé son Mexique natal : après 10 ans passés dans la réalisation d'effets speciaux, le bonhomme à la silhouette pataude et toujours vêtu d'un T-shirt et d'un jean noirs, a imposé son style inimitable dans le 3e volet cinématographique de la saga de J.K Rowling, *Harry Potter et le prisonnier d'Azkaban* (2004), l'adaptation du comic *Hellboy* (2004) ou bien encore du *Labyrinthe de Pan* (2006). Il est en train d'adapter pour 2011 le livre de Tolkien *Bilbo, le hobbit.*

Gael García Bernal (comédien)

Acteur très en vogue qui fait réguliè-rement les couvertures de magazine.

On l'a vu dans le très bon film *Amores Perros* (2000) d'Alejandro Gonzales Iñarritu pour le retrouver dans le film d'Almodóvar, *La Mala Educación* (2004) ou bien encore dans *Carnets de voyage* de Walter Salles (2004).

Alejandro Gonzáles Iñárritu (réalisateur)

Réalisateur mexicain ayant fait ses classes dans la plus grande chaîne de télévision mexicaine Televisa, il est sacré meilleur réalisateur à Cannes avec le film *Babel* en 2006. Il est aussi le réalisateur de *21 grammes* et *Amores Perros*. Il a également participé au film *11 septembre* au côté des réalisateurs Wim Wenders ou Ken Loach.

Salma Hayek (comédienne)

La *telenovela Teresa* avait fait d'elle le sex-symbol de tout un peuple. Tous les soirs, 60 % des Mexicains étaient devant leur poste pour suivre ses aventures sentimentales, certains allaient jusqu'à manifester dans les rues aux cris « Teresa, je t'aime ». Aujourd'hui, elle s'est imposée à Hollywood comme aucune autre actrice d'origine latino-américaine ne l'avait fait. Elle doit sa réussite au réalisateur texan Robert Rodriguez qui lui proposa son premier rôle dans *Desperado* aux côtés du « latin lover », Antonio Banderas. Elle a également incarné l'artiste peintre Frida Kahlo dans le film de Julie Taymor. Elle a dit oui en 2009 à l'un des Français les plus fortunés, l'héritier François-Henri Pinault.

Maná (musicien)

Tout d'abord connu sous le nom Sombrero Verde, c'est en 1986 que le groupe décide de se faire appeler Maná. Ils poursuivent une grande carrière internationale et ont même réussi depuis quelques années à se faire apprécier du public français. Leur musique est une combinaison de pop-rock et de reggae, à laquelle s'ajoutent des rythmes afro-latino.

Sous-commandant Marcos (guérillero)

De son vrai nom, Rafael Sebastián Guillen. Chef de file de l'EZLN (Armée Zapatiste de Libération Nationale). Lui et « ses » guérilleros agissent avant tout dans le Chiapas, l'Etat le plus pauvre du Mexique, et à l'image de leur héros, Zapata, ils revendiquent l'appartenance de la terre aux paysans. Bien que son identité ait été révélée, il garde toujours son passe-montagne.

Luis Miguel (chanteur)

La star mexicaine de la chanson d'amour. Luis Miguel débute jeune. Il enregistre son premier disque à 12 ans et gagne déjà un grammy award à 15 ans.
Espagnol d'origine, naturalisé mexicain par amour du pays, il est reconnu comme un enfant du pays à part entière. Spécialisé dans les boléros, Luis Miguel est auteur, compositeur, arrangeur et producteur de beaucoup de ses chansons. C'est un symbole en Amérique latine et en Espagne.

Adal Ramones (comédien)

Adal Ramones est né dans la ville de Monterrey, Nuevo Leon. Il a étudié des Sciences de la communication à l'Université Regiomontana, où il a aussi pris part à des cours de théâtre et comédie, en s'illustrant dans l'improvisation. Il est devenu le symbole du comique au Mexique et de la communauté hispanique (le « Coluche mexicain »). Dans l'argot mexicain, il est l'auteur de nombreux termes ou expressions utilisés par la jeune génération.

Carlos Santana (musicien)

Attiré depuis son plus jeune âge par les sons provenant des Etats-Unis, il quitta le Mexique en 1961 pour se retrouver en 1969 à Woodstock, devant un public enfumé de baba-cool. Il a su s'adapter à chaque nouvelle génération et revient aujourd'hui avec de nouvelles techniques musicales. Il a reçu le titre de « Personnage de l'année 2004 » par les Grammy Latino.

© S.NICOLAS - ICONOTEC

Coiffe de fête.

Cathédrale de Mexico.
© CALI - ICONOTEC

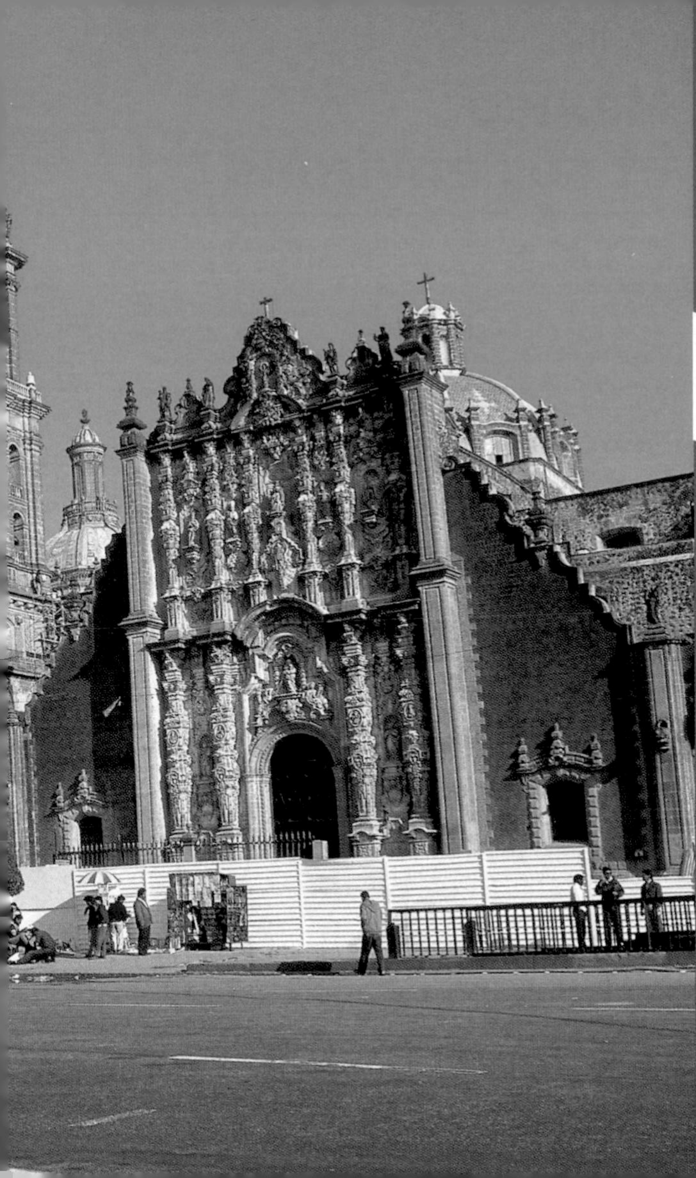

Mexico
et ses environs

Avec près de 700 ans d'âge, Mexico est la capitale d'un des pays les plus fascinants du monde et fait partie du patrimoine culturel de l'Humanité. Elle est un concert de cultures, de traditions et de modernité, le creuset du métissage mexicain – un miracle – symbole égocentrique du Mexique. Mégapole, elle est une des villes les plus grandes du monde, sinon la plus grande avec ses 22 millions d'habitants, mais aussi le phare du monde latino-américain.

Mexico

A elle seule, Mexico produit 40 % des richesses économiques du pays. La richesse de la capitale du Mexique est telle que la visiter – ne serait-ce que tenter de le faire – permet de mieux comprendre l'âme du Mexique.

Le centre historique

■ LE ZÓCALO

Dans le centre historique, bordée par la cathédrale, le palais du Gouvernement est une place toujours en mouvement. Le Zócalo ou Plaza de la Constitución, deuxième place la plus grande au monde, occupait le centre de la cité aztèque de Tenochtitlán. Elle constitue le Zócalo originel du Mexique. C'est ici, au XVIIIe siècle, durant la reconstruction de la cathédrale dans la partie nord du Zócalo, que fut découverte la fameuse Piedra del Sol, autrement dit le calendrier solaire aztèque, désormais conservé au musée d'Anthropologie. Au sud de la place se dressent le vieux Palacio del Ayuntamiento ainsi que le nouvel Ayuntamiento. A l'angle opposé, la Cour suprême, décorée d'une peinture murale d'Orozoco.

■ CATHÉDRALE

Les Mexicains considèrent que c'est le monument catholique le plus impressionnant d'Amérique. La variété de ses styles architecturaux est due au fait que sa construction commença en 1532 pour ne s'achever qu'en 1813. Sa façade combine les styles baroque et Renaissance. Outre les quinze chapelles lourdement décorées, l'intérieur se distingue par un superbe

La Piedra del sol

La piedra del sol (Pierre du Soleil) est une pierre circulaire d'un diamètre de 3,59 m et de 25 tonnes. Découverte à Mexico à la fin du XVIIIe siècle, elle date de l'époque du sixième roi aztèque (Axayacatl). Egalement appelée « calendrier aztèque » (à tort puisqu'il ne s'agit pas d'un calendrier mais d'un monument dédié au dieu Soleil, Toniatuh), elle est gravée de huit cercles concentriques. Elle représente les 260 jours du calendrier sacré, ainsi que de nombreux symboles astronomiques (voie lactée, étoiles, planètes).

Place du Zócalo et cathédrale de Mexico.

autel des Rois de style churrigueresque. Elle a été construite sur une pyramide grâce, en partie, aux pierres de cette dernière. Pratique courante chez les conquistadors espagnols pour faciliter l'évangélisation du peuple indigène. Avec le sol anciennement marécageux peu stable et le cœur de la cathédrale reposant peut-être sur le sommet de la pyramide, l'édifice entier a tendance à basculer. Il existe d'ailleurs un pendule qui permet de mesurer l'inclinaison.

■ PALACIO NACIONAL

Le Palacio occupe la totalité du flanc est du Zócalo. Bâti par Cortés sur le site du palais de Moctezuma. C'est une quasi-obligation de visiter le palais afin de voir les fresques de Diego Rivera, peintes entre 1929 et 1935 et représentant plus de deux cents personnages historiques. C'est un condensé de l'histoire du Mexique. Dans le patio, on verra des peintures de Diego Rivera sur la vie des indigènes, avant et pendant l'arrivée des Espagnols qui apportèrent de nombreuses maladies. Au-dessus du monumental porche central, la fameuse cloche de la Liberté que le président Hidalgo fit sonner pour la première fois à Dolores (dans l'Etat de Guanajuato), le 15 septembre 1810, jour de son Grito. Selon la tradition, la cloche retentit chaque année ce jour-là à 23h, tandis que le président de la République en exercice fait une apparition publique sur le balcon et lance le « Grito de Dolores », préambule aux fêtes de l'Indépendance.

■ TEMPLO MAYOR

C'est une monumentale construction aztèque dont il ne reste que des vestiges. En effet, lorsque Cortés fit raser la ville, il détruisit le temple Teocalli, centre de la vie aztèque au Mexique. Le premier temple Mayor fut commencé en 1375 et élargi à plusieurs reprises. Chaque agrandissement s'accompagnait de sacrifices des soldats capturés. Il ne reste pratiquement rien de la septième et dernière version du temple datant d'environ 1502.

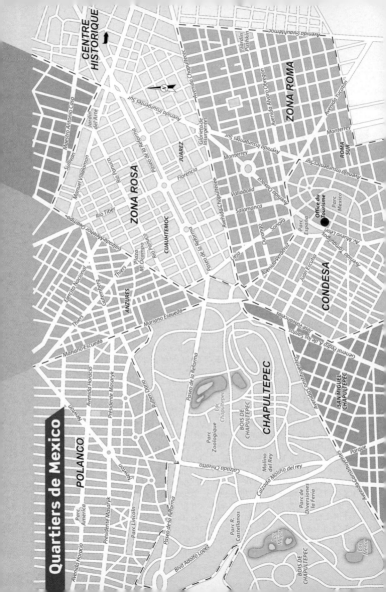

Quartiers de Mexico

On peut voir en revanche une pierre des sacrifices en face du sanctuaire de Huizilopochtli, divinité à laquelle les sacrifices humains étaient dédiés. Remarquez, plus spécialement, une sculpture en pierre illustrant deux cent quarante squelettes et des bas-reliefs montrant des processions militaires.

■ MUSÉE DU TEMPLE
Il donne un extraordinaire aperçu de la civilisation aztèque : pratiques guerrières et sacrifices humains, commerce et gouvernement, faune et agriculture, Tláloc, dieu de la Fertilité et Huizilopochtli, dieu de la Guerre et seigneur du Templo Mayor. L'une des pièces importantes du musée est la sculpture de Coyolxauhqui, déesse de la Lune et sœur de Huizilopochtli. Au coin du palais du Gouvernement, a été trouvée la Déesse qui se trouve exposée dans le musée du Templo Mayor. Elle est brisée et porte la mort à sa taille.

■ SANTA TERESA LA ANTIGUA
Cette petite église désaffectée est sûrement l'église la plus inclinée de la ville ! La chapelle possède de très beaux vitraux et marcher à l'intérieur relève du surnaturel !

■ MUSEO JOSÉ LUIS CUEVAS
Sont exposées des gravures de Picasso, des dessins de Rembrandt, des œuvres de Cuevas et autres contemporains.

■ COLEGIO SAN IDELFONSO
Ce collège a été fondé par les jésuites en 1588 puis occupé par l'Ecole préparatoire nationale. Orozco et Diego Rivera y réalisèrent des peintures murales dramatiques.

■ PLAZA SANTO DOMINGO
Cette place est très ancienne et agréable. Par elle, passaient les personnes jugées durant l'Inquisition pour se rendre au couvent San Diego, près de l'Alameda Centrale. A voir, le couvent de Santo Domingo juste en face de la place.

■ MUSEO DE MEDICINA (PALACIO DE LA INQUISICIÓN)
Les plantes médicinales utilisées à l'époque préhispanique sont exposées. On y montre aussi l'art de la chirurgie chez les Aztèques ainsi que les dieux qui étaient en relation avec les maladies. Si vous n'êtes toujours pas guéris, il vous reste les instruments de torture et ceux utilisés pour la peine capitale. A ne pas manquer ! Le musée est superbement bien mis en scène.

■ PALACIO DE ITURBIDE
Cette ancienne résidence des comtes de San Mateo Valparaiso fut aussi celle de l'empereur Agustín Ier, dont les ambitions aboutirent finalement à l'indépendance du Mexique. L'édifice de style baroque, construit au XVIIIe siècle, est désormais occupé par la Banamex, qui l'utilise pour des expositions publiques.

■ CASA DE LOS AZULEJOS
Ancienne demeure des comtes de la vallée d'Orizaba, construite au milieu du

Charreadas

Les charreadas sont des rodéos mexicains pratiqués par des gens aisés. Le but est de montrer les capacités du cavalier et de sa monture. L'une des épreuves consiste à arrêter le cheval au galop sur un trait marqué au sol. L'épreuve la plus impressionnante est celle où le cavalier doit mettre à terre un petit taureau en enroulant la queue autour de sa jambe.

XVIIIᵉ siècle. Des carreaux de faïence de Puebla couvrent entièrement la façade, d'où son nom. Dans l'escalier d'origine, on peut apprécier une fresque d'Orozco appelée *omni-ciencia*.

■ CORREOS
Magnifique palais construit en 1907 par l'architecte italien qui a débuté la construction des Beaux-Arts, Adamo Boari. La façade est du style Renaissance italienne. A voir aussi bien de l'extérieur que de l'intérieur !

■ MUSEO DE LA CIUDAD DE MEXICO
Dans l'ancien palais des comtes de Calimaya, vingt-sept salles sont consacrées à l'histoire de la ville depuis la préhistoire.

■ MUSEO DE LA CHARRERIA
Dans un bâtiment colonial de style plateresque, une collection d'objets relatifs au sport – exclusivement mexicain – du *charro*, cette version élégante du rodéo.

■ EL PALACIO DE BELLAS ARTES
Ce musée est en lui-même une magnifique œuvre d'art. Bien que l'extérieur ait le profil habituel du style beaux-arts porfirien, l'intérieur en marbre de Carrare offre l'un des plus grands exemples du style Art déco du monde. Le musée abrite d'importantes peintures murales de Rivera, d'Orozco, de Siqueiros, de Tamayo et de Gonzales Camarena. La collection permanente expose essentiellement des œuvres du XIXᵉ siècle. De ses quatre galeries, celle du dernier étage est consacrée au musée national d'Architecture.

■ MUSÉE D'ART POPULAIRE
Le premier Musée d'Art populaire de Mexico a pour mission de promouvoir et faire apprécier l'art populaire mexicain

El Palacio de Bellas Artes de Mexico, réalisé par un architecte italien.

à sa juste valeur en le valorisant dans des espaces vivants dynamiques. Le musée compte 2 600 objets qui témoignent de la créativité et de l'ingéniosité des artisans mexicains.

■ MUSEO MURAL DE DIEGO RIVERA
Ce musée a été construit tout spécialement pour la peinture murale intitulée *El Sueño Dominical en la Alameda* peinte initialement dans l'hôtel de Prado en 1947. Elle a la particularité d'avoir été visible trois mois après l'inauguration et recouverte pendant neuf ans (de 1948 à 1956), cachée du public à cause d'une inscription de Diego Rivera : « Dieu n'existe pas ». A cause de cette inscription, le visage du petit enfant au parapluie, autoportrait de Diego Rivera jeune, fut rayé par des étudiants. Le peintre finit par modifier l'inscription. La fresque se découpe horizontalement en trois parties, de 1521 à 1947.

Mexico et ses environs

La partie de gauche correspond à la conquête espagnole et à l'Indépendance, celle du centre à la période du dictateur Díaz, et la dernière à la Révolution. Elle se divise en deux en profondeur : le premier plan correspond au réel et le deuxième au rêve, c'est-à-dire, ce à quoi les personnages aspirent ou désirent.

■ MUSEO NACIONAL DE ARTE

L'art mexicain du XVIe siècle à 1950. Le bâtiment, que l'on peut considérer comme l'expression ultime de l'architecture de l'époque de Porfirio Díaz, devait être, à l'origine, le ministère des Communications. Collection d'art réaliste mexicain.

■ PARC DE L'ALAMEDA

Ce qui constituait le marché de Tenochtitlán fut transformé en parc par les Espagnols en 1592. Ce parc devint aussi le lieu favori de l'Inquisition qui y pratiquait ses exécutions publiques à coup de bûcher. Vous pourrez voir le grand Hémicycle à Benito Juárez.

■ PINACOTECA VIRREINAL DE SAN DIEGO

Plus de 160 peintures mexicaines du XVIe au XIXe siècle.

■ CENTRO CULTURAL JOSÉ MARTI

Nommé en l'honneur du poète et révolutionnaire cubain (1853-1895), ce musée est consacré aux interventions étrangères, françaises et américaines en particulier, en Amérique latine.

■ MUSÉE FRANZ MAYER

Situé dans une vraie villa coloniale, jadis hôpital de San Juan de Dios, ce petit musée expose un mélange de beaux objets d'art, notamment d'art local, et de meubles, avec une prédilection pour la période coloniale.

■ MUSEO NACIONAL DE LA REVOLUCIÓN

Ils sont tous enterrés ici : Madero, Pino Suárez, Obregón, Pancho Villa, Zapata. A l'origine, le dôme, dont Díaz décida la construction, devait faire partie d'un vaste ensemble destiné à abriter le Congrès national. Le bâtiment, inachevé, est devenu le tombeau de la révolution. Dans le voisinage, les immeubles sont, soit des bâtiments Art déco, soit de grands buildings modernes de verre et de fer.

■ MUSEO DE SAN CARLOS

Une petite mais superbe collection d'art européen est abritée dans cette demeure du XIXe siècle. Les tableaux comprennent un Bellini et une très rare *Annonciation* d'Overbeck, quelques autres très bons tableaux. Au rez-de-chaussée, des meubles et des objets d'artisanat remplissent les pièces.

■ GARIBALDI

Place renommée pour ses mariachis. Leur point commun vestimentaire est l'ornement en argent sur leurs pantalons et parfois sur le chapeau. Généralement leurs costumes sont noirs mais peuvent être marron ou blancs.

■ TEMPLO Y HOSPITAL DE SAN FELIPE DE JESÚS

Cet hôpital église construit à titre posthume répond à un désir de Cortés. La voûte du chœur est recouverte par l'une des plus importantes œuvres du peintre Orozco : *Apocalipsis*, réalisée entre 1942 et 1944.

■ PLACE DES TROIS CULTURES

La place des Trois-Cultures est située dans ce qui était Tlatelolco. C'est ici et sous les ordres de leur dernier empereur Cuauhtémoc que les

Aztèques combattirent jusqu'à la mort. Les Espagnols rasèrent les bâtiments et, en 1535, érigèrent une église, Santiago de Tlacelolco. En 1964, le gouvernement décida autoritairement la construction de logements sociaux en béton, de sorte que le contraste et les prolongements historiques entre les trois cultures donnèrent son nom à la place. La place des Trois-Cultures fut le théâtre d'une véritable tuerie le 2 octobre 1968, lors de la révolution étudiante. Cette manifestation eut lieu alors que Mexico accueillait les Jeux olympiques. Tandis que des étudiants manifestaient pacifiquement, une fusillade éclata. Des tireurs reconnaissables grâce à un petit foulard blanc, bandé autour de la main droite, se sont positionnés sur les toits et aux fenêtres des appartements en se faisant passer pour des étudiants. Ces hommes à la main bandée, ont provoqué ou ont servi de prétexte pour que l'armée, qui entourait la place avec des chars, ouvre le feu. Quarante ans après, la lumière se fait peu à peu sur ce malheureux épisode de l'histoire du Mexique, le gouvernement n'avoue que 4 morts et 20 blessés alors que les manifestants parlent d'un bilan entre 200 et 300 morts.

Reforma – Zona Rosa

Elle forme un triangle compris entre le Paseo de la Reforma, l'avenida Insurgentes et l'avenida Chapultépec. Le triangle enserre deux rues importantes, Hamburgo et Londres. C'est le cœur de la finance, du commerce et du tourisme.

■ MONUMENTO A CRISTÓBAL COLÓN

Cette sculpture du XIXe siècle fut réalisée en France par Carlos Cordier, et offerte à la ville pour commémorer l'arrivée du navigateur en Amérique.

■ MONUMENTO A CUAUHTÉMOC

La sculpture de cet important chef aztèque, dont le nom signifie « l'aigle descendant », fut réalisée au XIXe siècle. Elle symbolise la force du peuple aztèque.

Coccinelles dans les rues de Mexico.

VISITE

Mexico et ses environs

■ MONUMENTO
A LA INDEPENDENCIA

Conçu par l'architecte Antonio Rivas Mercado, cet ensemble est considéré comme l'emblème de la ville. La colonne mesure 36 m de hauteur.

Les angles de sa base sont occupés par des statues symbolisant la Loi, la Justice, la Guerre et la Paix, ainsi que d'autres représentant des héros mexicains comme Guerrero, Morelos, Mina et Bravo. *L'Ange*, ou la *Victoire ailée*, sculpture en bronze de 7 tonnes couverte d'or, couronne la colonne de l'Indépendance qui commémore la bataille de 1810 pour la liberté.

■ FUENTE
DE LA DIANA CAZADORA

Baptisée par son auteur la *Flechadora*, elle continue à être désignée comme Diana, l'incarnation de l'esprit des Amazones. Plus loin, se dresse une tête de cheval jaune, symbole de la ville moderne.

La Bourse de Mexico.

Sortir à Mexico

Bar de Paquita la del Barrio

Paquita la del Barrio est la vedette du barrio (quartier populaire). Cette femme a pris la voix de la vie du Barrio Bravo : elle chante des histoires tristes et sordides, mais, paradoxalement, ce sont les plus comiques. Elle chante pour se venger des hommes qui se sont moqués d'elle, parle des femmes battues et des infidélités, des maladies.

Salón Los Angeles

C'est la cathédrale du danzón (pratiqué à Cuba, Veracruz et Mexico), un tango mexicain romantique et très élégant accompagné d'un orchestre de 40 personnes. Les gens affluent à partir de 17h uniquement pour danser. On dit que « celui qui ne connaît pas le Salón Los Angeles ne connaît pas Mexico ».

Polanco

Situé au nord du Bosque de Chapultepec, Polanco est le quartier marchand le plus chic de Mexico, aussi appelé la Zona Dorada (la zone dorée). Vous y trouverez toutes les boutiques des marques les plus prestigieuses. La rue Presidente Masaryk est à Mexico ce que sont les Champs-Elysées à Paris.

■ CENTRO CULTURAL
ARTE CONTEMPORÁNEO

Avant-garde mexicaine, photos et art préhispanique. Peinture internationale. Certaines œuvres sont d'une grande beauté, d'autres peuvent laisser dubitatif. Intéressantes expositions temporaires.

■ MUSÉE SALLE
D'ART PUBLIC SIQUEIROS

C'est dans l'ancienne résidence et studio du peintre muraliste Siqueiros que vous trouverez des œuvres, des photos ainsi que des documents privés.

Bosque de Chapultépec

Saules, frênes, chênes-verts composent cette aire champêtre, la plus étendue de la ville (plus de 4 km²). Première résidence des Mexicas avant de s'installer à Tenochtitlán, le bois est doté de deux lacs artificiels, d'un zoo hébergeant plus de 2 500 animaux, d'un parc d'attractions, de musées renommés et du château de Chapultépec qui domine le centre-ville. Il attire des milliers de visiteurs chaque jour et plus particulièrement le dimanche.

■ CASTILLO DE CHAPULTÉPEC

Une partie du château, de style néo-classique, servait de résidence aux vice-rois de la Nouvelle-Espagne avant d'être transformée en académie militaire en 1843. Il fut défendu par les cadets du collège militaire – connus comme Niños Héroes – contre l'attaque de l'armée américaine en 1847 et devint également la résidence de l'empereur Maximilien et de son épouse Charlotte, en 1866, puis la maison du président Porfirio Díaz.

■ PARQUE ZOOLOGICO DE CHAPULTEPEC

Inauguré au début du siècle dernier, ce zoo compte quelque 270 variétés d'espèces différentes sur un terrain de 17 hectares.

■ MUSEO NACIONAL DE ANTROPOLOGIA PASEO DE LA REFORMA ET GANDHI

Construit au début des années 1960, ce musée, fascinant et vaste, est l'un des plus importants du monde. Une journée entière ne suffirait pas à en apprécier toutes les richesses. C'est un bâtiment moderne de deux étages, avec vingt-cinq galeries contenant les plus beaux objets émanant de temples et de tombes de tout le territoire. Parmi d'autres trésors, on y verra le célèbre calendrier aztèque. Le musée est divisé en une section anthropologique et une section ethnologique, chaque civilisation ancienne y possède son espace, tandis que l'artisanat des peuples contemporains se voit affecter une salle particulière.

■ MUSEO NACIONAL DE HISTORIA

Le musée est situé dans le château Chapultépec, sur un rocher à pic dominant le parc. C'était la résidence présidentielle, avant que Lazaro Cardenas ne la convertisse en musée. Outre les peintures murales d'Orozco, de Siqueiros et d'O'Gorman, on y expose, depuis 1944, des meubles et des peintures à l'huile, depuis l'époque de la Nueva España à la révolution mexicaine.

© AUTHOR'S IMAGE

Au castillo de Chapultépec.

Coyoacán

Dans les années 1940-1950, cet ancien village possédait beaucoup de granges laitières.

C'est à cette époque qu'il fut rattaché, comme San Angel, à la ville de Mexico, à cause de la croissance tentaculaire de cette dernière. C'est dans la maison d'Hernán Cortés, à Coyoacán que, le 7 mars 1524, la première mairie de la capitale de la Nouvelle-Espagne fut installée.

Cet ancien village abrita aussi la maison de Frida Khalo et de Léon Trotski ainsi que l'atelier de Diego Rivera qui ont été transformés en musée. Les rues étroites, les petites places ombragées contribuent à faire de ce quartier un havre à l'échelle humaine.

■ MUSÉE LÉON TROTSKI

Quand Trotski s'échappa de Norvège, le seul leader politique au monde désireux de l'accueillir était le président Cardenas. Ses sponsors se nommaient Diego Rivera et Frida Kahlo qui accueillirent Trotski et sa femme chez eux. Kahlo devint sa maîtresse. Lorsque la situation devint trop tendue, Trotski décida d'aller vivre un peu plus loin, dans cette maison. Trotski était poursuivi par Lénine : il essuya une première tentative d'attentat ratée, commanditée par le peintre Siquieros, rival de Diego Rivera. Vous verrez que les fenêtres ont été barricadées et les murs rehaussés. L'assassin de Trotski dut donc avoir recours à la ruse. Il courtisa la secrétaire du révolutionnaire et gagna la confiance des gens de maison. Il tua Trotski alors qu'il travaillait à son bureau. Depuis rien n'a changé et vous verrez dans quelle simplicité le couple vivait. Le révolutionnaire et sa femme sont enterrés dans le jardin.

■ MUSÉE FRIDA KAHLO

Le musée Frida Kahlo est l'ancienne demeure de la célèbre artiste, appelée aussi la « Maison bleue ». Elle expose tous les objets et tous les souvenirs du couple qu'elle formait avec Diego Rivera.

En plus des peintures des deux artistes et de celles de quelques-unes de leurs nombreux amis dont des retables, elle montre aussi une intéressante collection de pièces précolombiennes, d'objets de l'artisanat mexicain et de vêtements folkloriques régionaux mexicains. Elément central du culte voué à Frida Kahlo (1886-1957), ce musée contient à peu près tout ce qui se rapporte à l'artiste.

San Angel

Cet ancien village où se rendait l'aristocratie mexicaine durant l'été a été englouti par Mexico à l'image de Coyoacán.

Le point fort de San Angel, ce sont ses charmantes petites rues et ses magnifiques demeures coloniales. La colonia est très prisée pour son marché d'artisanat le samedi.

Plaza de Toros

Les arènes de Mexico sont les plus grandes du monde : elles sont surnommées « La Monumental ». Elles furent inaugurées en 1946. L'hiver est la saison haute pour les corridas. De célèbres toreros venus d'Europe et d'Amérique latine offrent alors un grand spectacle. Les arènes accueillent plus de 41 000 personnes, soit deux fois plus que celles de Madrid.

© AUTHOR'S IMAGE

Quartier de Xochimilco et des jardins flottants.

Les environs de Mexico

■ XOCHIMILCO OU LES JARDINS FLOTTANTS

Les jardins flottants furent élaborés par les civilisations précolombiennes pour y faire pousser des légumes. Ils constituent un réseau de canaux très important.

■ TEOTIHUACÁN

Teotihuacán (l'endroit où les hommes se transforment en dieux) fut bâtie et abandonnée par un peuple inconnu. Le site fut occupé dès 600 avant J.-C. La ville monumentale, érigée vers 200 avant J.-C., atteignait la superficie de 20 km² (ce qui en faisait la plus grande cité méso-américaine) tandis que sa population dépassait les 200 000 habitants. Teotihuacán est passée par quatre étapes de construction avant d'être mystérieusement délaissée vers 750 après J.-C. Ceci advint 200 ans avant les grands abandons qui eurent lieu plus au sud.

Au zénith de sa puissance, Teotihuacán exerçait une influence sur la culture méso-américaine qui se propagea jusqu'à Tikal, au Guatemala. Quand les Aztèques découvrirent ses ruines, ils crurent que Teotihuacán avait été bâtie par une race de géants au temps du premier soleil. Ils la nommèrent donc l'endroit des Dieux. A l'époque de la conquête, la ville fut ensevelie. Sans nul doute, le clou de la visite de Teotihuacán est son chemin monumental, long de 4 km, d'un seul tenant et formant l'une des plus grandes rues du monde : il s'étend entre la pyramide du Soleil et la pyramide de la Lune. L'endroit est appelé la Calzada de los Muertos (la chaussée des Morts). La pyramide du Soleil est astronomiquement alignée, de manière à faire exactement face au soleil le jour du solstice d'été. C'est sans doute du sommet de la pyramide de la Lune, égale en hauteur à celle du Soleil parce qu'elle est construite sur un emplacement plus élevé, que l'on a la meilleure vue d'ensemble de Teotihuacán.

Le cœur du Mexique

Dès que l'on quitte l'énorme mégapole de Mexico sur l'Altiplano, et tout autour, c'est le cœur du Mexique qui se présente. Ce sont les terres aztèques avec leurs traces indélébiles, les volcans, les sites balnéaires et thermaux, la région des couvents, des haciendas et des villes coloniales.

Les volcans Popocatépetl et Iztaccíhuatl

En nahuatl, la langue aztèque, *Ixtaccihuatl* signifie la « Dame Blanche » mais dans le langage courant c'est la « Femme Endormie » et le Popocatépetl, la « Montagne Fumante ». Dans la légende aztèque, ils forment un couple et l'Izta mourut de chagrin alors que le Popo était parti à la guerre. Vous comprendrez alors que l'Izta est surmonté de neiges éternelles et que le Popo est toujours en activité ! On parle souvent de lui dans les actualités. Le Popo est fermé au public depuis une dizaine d'années et seuls quelques scientifiques ou spécialistes ont le droit d'y monter. Ce volcan est d'une majesté incomparable : la vue offerte depuis l'Izta (après quelques heures de marche) est incroyable. L'Izta lui, est ouvert au public sauf si son voisin est trop actif.

Nevado de Toluca (4 691 m)

Le Nevado de Toluca ou Xinantécatl se trouve au sud-ouest de la capitale

Volcan Popocatépetl.

de l'Etat de Mexico. Ce gigantesque cratère de volcan éteint abrite deux petits lacs : el Lago del Sol et el Lago de la Luna, celui du Soleil et celui de la Lune car le premier est rond comme l'astre solaire et le deuxième en forme de croissant de lune. Ce lieu était un lieu sacré pour les Matlatzincas, groupe ethnique de la vallée de Toluca. On y faisait des offrandes au dieu Tláloc, dieu de la Pluie. Contrairement à ses voisins d'en face, vous atteindrez le cratère en faisant peu d'effort et vous monterez au sommet en suivant un chemin très bien tracé. Depuis le sommet, par temps clair, on voit l'Izta à gauche et le Popo qui fume, à droite.

Valle de Bravo

Le point touristique de cette vallée est le très joli village voisin Metepec, au sud-ouest de Mexico, où l'on vend beaucoup d'artisanat. La ville est au bord d'un beau lac artificiel et la plupart des maisons sont des résidences secondaires de riches Chilangos (habitants de la capitale) qui prennent d'assaut la ville en fin de semaine.

Hidalgo (État de)

Santa maria Regla

Il n'existe que trois endroits au monde où l'on peut voir des pierres ou prismes basaltiques (hexagonaux). Au Mexique, en Irlande du Nord et à Hawaï. En Irlande, le lieu est appelé la chaussée des Géants car cela ressemble à une grande chaussée pavée de pierres hexagonales, harmonieusement construite, pourquoi pas, par des géants ? À Hawaï, il est nécessaire de plonger pour voir ces pierres. A Santa María Regla, dans l'Etat d'Hidalgo, au nord de la capitale, vous pourrez les admirer avec une cascade qui coule sur ces colonnes (de plus de 30 m) à l'image d'un orgue d'église. La formation de ces pierres est un miracle de la nature. Il y en a d'autres à flanc de montagne, dans le domaine de l'Hacienda de San Miguel Regla qui est un magnifique hôtel que vous pourrez visiter.

Les grottes et cascades de Tolantongo

C'est sûrement le lieu le plus impressionnant de l'Etat d'Hidalgo. Vous devrez emprunter un chemin qui traverse un *llano*, une plaine habitée de formidables et hauts cactus qui ont une extrémité blanche. Puis, en vous approchant du canyon, d'un coup, le spectacle d'une oasis de verdure. L'effet est saisissant. En bas, vous aurez accès à des grottes fermées par une cascade.

Morelos (État de)

L'Etat de Morelos est « la banlieue proche » de Mexico.

Cuernavaca

Cuernavaca, littéralement « corne de vache » est « la ville de l'éternel printemps » slogan donné par Humboldt, aux nombreuses piscines et stations balnéaires. Elle est depuis longtemps un lieu de villégiature privilégié pour les Mexicains et les étrangers à la recherche d'un air plus pur que celui de Mexico.

■ **PALAIS DE CORTÉS**
Lorsque Cortés revint à Cuernavaca en 1523, après la prise de Mexico-Tenochtitlán, il s'établit à Tlaltenango.

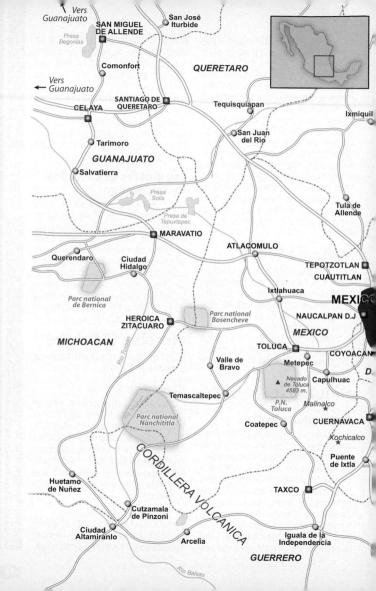

Le cœur du Mexique

Il y fit construire l'église de San José, ainsi que la première hacienda sucrière. La fertilité du sol incita le conquistador à demeurer dans la zone où, jusqu'au commencement de la révolution mexicaine (1910), on pouvait dénombrer une quarantaine d'haciendas. La maison du conquérant de la Nouvelle-Espagne présente, en vingt salles, l'histoire générale de l'actuel Etat de Morelos, depuis ses premiers habitants tlahuicas, jusqu'à la révolution, en passant par la conquête et la colonisation. On y verra divers monolithes, le mécanisme de l'horloge de la cathédrale datant du XVIe siècle, ainsi que des peintures murales de Diego Rivera sur le thème de la conquête.

■ MERCADO DE ARTESANÍAS
Le marché d'artisanat juste à côté du palais de Cortés.

■ CATHÉDRALE
L'édifice principal, fondé au XVIe siècle, se compose d'un *atrium*, d'un temple du troisième ordre (dit corinthien) et d'une chapelle ouverte. Style churrigueresque.

■ MUSÉE ROBERT BRADY
Situé dans la Casa de la Torre, il est riche d'une collection de près de 1 300 pièces réunies par le peintre et dessinateur Robert Brady (1928-1986) lors de ses voyages à travers le monde. Il s'installa à Cuernavaca en 1962. On peut y apprécier certaines œuvres de Rufino Tamayo, Frida Kalho et Diego Rivera. Le tout dans une ambiance très contrastée où meubles coloniaux mexicains côtoient avec l'art primitif d'Afrique, d'Amérique et d'Océanie.

■ JARDÍN BORDA
Conçu en 1783, il a été transformé en jardin botanique et d'acclimatation avec des centaines d'arbres fruitiers et plantes d'ornement. Il est aujourd'hui le siège de l'Institut culturel de Morelos, comprenant six salles d'expositions temporaires et une salle consacrée aux divers événements culturels.

■ CASA DEL OLINDO OU JARDIN ETHNOBOTANIQUE
A cette maison, située en face de l'église San Miguel Arcángel, s'attache le souvenir des amours de l'empereur Maximilien et de son amante indienne, la India Bonita. Datant de la première moitié du XIXe siècle, la Casa del Olindo accueille le Centre régional de l'Institut national d'anthropologie et d'histoire. Le jardin botanique est le plus important de ce type dans toute l'Amérique latine.

■ ZONE ARCHÉOLOGIQUE DE TEOPÁNZOLCO
Teopánzolco était probablement l'un des lieux d'adoration les plus importants de la région : le temple double de Tlaloc-Huitzilpochtli fait partie d'un ensemble qui comporte quatorze monuments dont le plus grand permet de comprendre comment les anciens érigeaient leurs *adoratorios* tous les cinquante-deux ans.

Xochicalco
Ce site archéologique offre un très beau point de vue sur les vallées qui l'entourent. Le musée est une merveille d'architecture : design aux courbes harmonieuses qui s'intègre parfaitement dans le paysage. Xochicalco, en náhuatl le lieu de la maison des fleurs, est inscrit au Patrimoine de l'Humanité. Ce fut un des plus importants centres préhispaniques qui occupât le vide laissé par la chute de Teotihuacán (période classique tardive, entre

700 et 900, avant que Tula ne soit la nouvelle puissance du Centre du Mexique). La pyramide du Serpent à Plumes, la Serpiente Emplumada, est une merveille. Les inscriptions qui l'entourent attirèrent de nombreux voyageurs et illustres personnages du XIXe siècle.

Guanajuato (État de)

L'état de Guanajuato se dit « Porte de Mexico ». Situé au nord-ouest de la grande métropole, c'est une terre de tradition, de culture et de folklore.

Guanajuato (ville)

Située à 2 080 m d'altitude, cette capitale de l'Etat de Guanajuato est surnommée « la perle des villes coloniales ». Construite sur un site argentifère, elle fit la fortune de nom-

© TONY STEINHARDT - AUTHOR'S IMAGE

Guanajuato.

breux Espagnols et a su conserver un patrimoine architectural non négligeable. L'une de ses curiosités, qui témoigne de son ancienne opulence, est un réseau de tunnels qui constituent des rues souterraines. Le centre historique de Guanajuato fut déclaré patrimoine mondial par l'Unesco en 1998.

■ ALHÓNDIGA DE GRANADITAS
C'est un très beau bâtiment carré qui servait à stocker des graines. Il servit de retranchement aux royalistes contre les insurgés menés par le prêtre Miguel Hidalgo.

■ BASÍLICA DE NUESTRA SEÑORA
Paroisse du XVIIe siècle qui conserve une statue en bois de la Vierge datant du XVIe siècle.

■ TEMPLE SAN DIEG
Edifice du XVIIe siècle, de style baroque, juste en face du Jardín de la Union avec ses arbres touffus.

■ ALHÓNDIGA DE GRANADITA
Un très bel exemple de styles baroque et churrigueresque.

■ THÉÂTRE JUÁREZ
Curieux amalgame de styles colonial et néoclassique.
Une des salles au premier étage est très impressionnante pour son sol semi-transparent qui laisse passer une lumière orangée.

■ MUSEO Y CASA DE DIEGO RIVERA
Rivera naquit dans cette maison le 8 décembre 1886. Marxiste, il dut quitter la ville, catholique et conservatrice. Le musée expose quelques-unes de ses œuvres ainsi que d'autres de Frida Kahlo.

■ MUSEO ICONOGRÁFICO DEL QUIJOTE
Ce magnifique musée, situé en face du Templo de San Francisco, expose une impressionnante collection d'œuvres d'art relatives à don Quijote de la Mancha : sculptures, peintures, objets de décoration et même des timbres émis en son honneur.

■ PARQUE DEL CANTADOR
Bien qu'un peu éloignés du centre, ne laissez pas de côté le Parque del Cantador et le beau musée de l'ex-hacienda San Gabriel avec des meubles du XVIIe siècle et ses 17 jardins représentant les styles de différents pays.

■ MUSEO DE LAS MÓMIAS
On y voit plus d'une centaine de momies de toutes tailles, âges et formes. Les minéraux contenus dans le sol et les conditions atmosphériques particulièrement sèches ont contribué à la conservation des cadavres.

San Miguel de Allende

San Miguel de Allende est situé sur la Ruta de la Plata, la Route de l'Argent qui relie les mines d'argent du Nord (principalement Zacatecas, San Luis Potosí, Guanajuato) à la ville de Mexico.
En 1555, en plus des garnisons placées à San Miguel de Allende pour assurer la sécurité de cette route, 50 familles furent envoyées par le vice-roi don Luis de Velazco. Durant le mouvement d'indépendance certaines familles fuirent la Villa et d'autres se virent confisquer leurs propriétés pour avoir sympathisé avec le mouvement. La ville est classée Monument historique et inscrite au patrimoine de l'Humanité.

■ PARROQUIA DE SAN MIGUEL ARCANGEL
Elle est le symbole de la ville car cet imposant monument fut fréquenté par de grands personnages mexicains.

Le festival de la San Miguelada

Le troisième samedi de septembre a lieu la fameuse San Miguelada, course de taureaux à la pamplonaise (Pampelune, Espagne). Les petits taureaux parcourent les rues fermées du centre-ville où, les gens peuvent courir devant ou derrière ces animaux. Réunion d'environ 25 000 personnes, beaucoup de jeunes de tout le pays viennent faire la fête dans la rue et le soir dans les discothèques. Le week-end après la Pamplonada, il y a la fête de la ville qui est beaucoup plus familiale et tranquille : spectacles de danse.

Miguel Hidalgo y officia, Allende fut baptisé dans cette église ainsi que Juan José de los Reyes Martinez (le fameux Pípila à Guanajuato). L'empereur Maximilien impressionné par la splendeur des cryptes s'exclama : « C'est une tombe digne d'un roi ! » Cette église au style éclectique se rapproche plus du gothique pour sa façade.

On dira donc que la Parroquia est de style néogothique. Ses fondations datent du XVIe siècle. C'était alors une petite chapelle très rustique au toit formé par des poutres en bois. C'est aux XVIIe et XVIIIe siècles que fut construite la façade de style baroque très simple avec ses deux tours. On pouvait y voir une arche surplombée par l'ange de San Miguel. La partie frontale alors très abîmée fut reconstruite par le maçon et tailleur de pierres Gutierrez Muñoz à partir d'illustrations provenant d'Europe. Il s'inspira grandement de la cathédrale de Cologne, en Allemagne : le style gothique se retrouve ici avec des tours qui cherchent à toucher le ciel. C'est grâce à son talent de tailleur que l'actuelle façade fut réalisée en cinq ans, de 1880 à 1885.

■ MUSEO HISTÓRICO DE SAN MIGUEL DE ALLENDE

A droite de la cathédrale, s'élève la maison où naquit Ignacio de Allende, transformée aujourd'hui en musée et consacrée au fameux insurgé et au mouvement d'indépendance. Très beau musée.

■ MARCHÉ IGNACIO RAMIREZ

Ce marché vous permettra de découvrir l'artisanat. Le plus intéressant semble être les masques en bois, il y en a de très beaux. A voir !

■ CASA DEL INQUISITOR

Cette demeure de la fin XVIIIe siècle, à deux étages possède deux merveilleux balcons.

Elle abrita le consul de la sainte Inquisition. On peut y voir une croix de pierre verte, emblème de cette institution de triste mémoire.

■ JARDIN BOTANIQUE EL CHARCO DEL INGENIO

La ville de San Miguel de Allende possède un lieu consacré à la conservation et à la valorisation des ressources naturelles. Ancré au cœur de l'Altiplano central, il comprend plus de 100 hectares attenants à la ville historique.

■ BAINS

La Gruta possède deux piscines alimentées par une source naturelle. La deuxième, un peu plus chaude que la première, est entourée de murs en pierre et d'une végétation luxuriante. Un étroit couloir en pierre vous conduira à un dôme – presque mystique – entrecoupé de quelques faisceaux de lumière, où un jet d'eau vient s'écouler avec puissance (à certaines heures).

La Cañada de la Virgen

Site archéologique situé après le lac, près du canyon de la Vierge. On y a découvert des restes toltèques. En effet, pendant plusieurs années on pensait que cette région n'était habitée que par les indigènes chichimecas.

Querétaro (État de)

C'est le Mexique colonial par excellence avec comme capitale Santiago de Queretaro, Patrimoine de l'Humanité.

Querétaro (ville)

Santiago de Querétaro fut fondée en 1531 lorsque les Espagnols gagnèrent la bataille contre les Indiens à la suite de l'apparition de l'apôtre Santiago, protecteur de l'armée espagnole. Elle fut le point de départ du développement de tout l'Etat et de nombreuses missions furent édifiées par le frère franciscain, Juniper Serra. L'économie prospère de l'agriculture et de l'élevage, au XVIIIᵉ siècle, a permis à Santiago de Querétaro d'être une des économies les plus fortes du pays. Les excédents furent utilisés pour la construction de beaux bâtiments en centre-ville. Pendant la révolution, Querétaro fut déclarée capitale de la République. C'est ici qu'a été signé le traité de paix avec les Etats-Unis d'Amérique, le Mexique perdant alors trois de ses Etats (Nouveau Mexique, Texas et Californie). En 1825, dans le théâtre Iturbide, fut déclarée la première Constitution politique locale et, au même endroit, fut promulguée la Constitution des Etats-Unis mexicains en 1917, à la fin de la révolution.

Statue d'indien à Querétaro.

■ MUSEO DE LA CIUDAD

Cet édifice du XVIIIᵉ siècle fut occupé par les sœurs capuchinas avant d'être transformé en musée de la ville. C'est d'ici que sont partis Maximilien de Hasbourg et ses généraux pour être fusillés.

■ MUSEO REGIONAL

Au rez-de-chaussée, archéologie et ethnographie de quelques groupes indiens de l'Etat de Querétaro ainsi qu'une section consacrée à l'occupation espagnole. A l'étage, où est retracée la participation de l'Etat à la révolution mexicaine, notez surtout la salle baroque et celle consacrée à Maximilien.

■ CASA DE LA CORREGIDORA

L'actuel palais du Gouvernement a été construit en 1770 pour abriter les familles nobles et servit aussi de prison. C'est dans cette maison que se déroulèrent les réunions de conspiration qui provoquèrent la guerre d'Indépendance avec doña Josefa Ortíz de Domínguez, épouse du Corregidor, don Miguel Domínguez.

■ MUSEO DE ARTE QUERÉTARO

Le musée, qui loge dans les murs d'un ancien monastère de style baroque, présente une fort intéressante exposition. Au rez-de-chaussée, la peinture européenne des XVIᵉ et XVIIᵉ siècles et son influence sur la peinture mexicaine, la peinture mexicaine des XIXᵉ et XXᵉ siècles, ainsi qu'une collection d'artistes locaux contemporains. A l'étage, photos retraçant l'histoire du monastère construit de 1731 à 1743. Son architecture est intéressante.

■ EL ACUADUCTO

Symbole de la ville, l'aqueduc fut construit de 1726 à 1735 et permit de faire venir de l'eau potable depuis la source de la Cañada. Il possède 74 arches avec une hauteur maximale de 23 m et une longueur de 1 280 m.

■ TEMPLO SAN FRANCISCO

Les tuiles colorées qui composent le dôme de cette belle église furent rapportées d'Espagne en 1540. A l'intérieur, quelques remarquables peintures religieuses du XVIIe au XIXe siècle.

■ TEATRO DE LA REPÚBLICA

Dans ce théâtre, plusieurs événements historiques se succédèrent : le 16 septembre 1854, on y interpréta pour la première fois l'hymne national écrit par Francisco González Bocanegra. L'Espagnol Jaime Nunó fit la composition musicale. C'est ici, en 1867, au sein d'un conseil de guerre, que fut condamné à mort l'empereur Maximilien et en 1917 fut promulguée la Constitution des Etats-Unis mexicains.

■ SANTA ROSA DE VITERBO

Admirez cette église baroque qui contient des peintures et des meubles du XVIIIe siècle, juste en face de la petite place Mariano de las Casas.

■ TEMPLO Y CONVENTO DE LA CRUZ

Le couvent fut bâti à l'endroit où se déroula la bataille pour la conquête de la ville en 1531. Il servit de base à l'évangélisation des indigènes. Puis, une de ses cellules est devenue la prison de Maximilien de Hasbourg.

■ CERRO DE LAS CAMPANAS

C'est dans ce magnifique parc, aujourd'hui joliment aménagé, que fut exécuté Maximilien. La famille de l'empereur lui a consacré une chapelle en haut de la colline. Ce sont les pierres qui, en roulant, créaient un bruit assimilable à un bruit de cloche, d'où le nom de colline des Cloches.

Sierra Gorda

Flâner dans le beau village de Tequisquiapan (20 km). Rendez-vous à Ezequiel Montes (17 km) pour visiter les plus grandes caves d'Amérique latine. Ne buvez pas tout et filez à Bernal (18 km) pour admirer sa peña de 340 m. Rebroussez chemin ou dirigez-vous vers le nord pour retrouver la route 120. Vous quittez l'Altiplano et entrez dans la Sierra Gorda (réserve de la biosphère). Avant d'arriver à Pinal de Amoles, vous passerez sur un tronçon de route qui a tendance à aller tout droit au ciel, ou tout du moins c'est l'impression qu'elle donne, grâce à l'élévation de terrain (au km 135). Le pic le plus proche est à 3 030 m. Faites une halte à Jalpan (153 km de Ezequiel Montes). La Huasteca Potosína, regorge de magnifiques cascades et de rivières turquoise. Il existe de nombreux sites : grottes, cascades et sites archéologiques (11 importants dont El Cerrito, Ranas, Tancama, etc.).

San Juan del Río

La petite ville de San Juan del Río est une halte fort agréable. Artisanat intéressant. On y trouve du textile et des ornements taillés dans des pierres semi-précieuses telles que l'opale, l'*ópalo*, pierre de couleur extraite des mines avoisinantes. C'est à Querétaro que se fait la plus importante production du pays. Un musée de la Mort dans l'ancien cimetière de la Santa Veracruz : il présente la mort en tant que phénomène culturel.

Ville coloniale de Tequisquiapan.

Tequisquiapan

C'est un des plus beaux villages de la région à 20 km de San Juan, reconnu pour ses eaux thermales. Le 15 août, vous assisterez à la fête de la Vierge de l'Ascension.

Peña de Bernal

Ce petit village, fondé en 1647, est connu pour sa formation rocheuse, la peña, de 340 m. Son sommet culmine à 2 545 m d'altitude. Un côté de la peña est facile à escalader, l'autre est réservé aux alpinistes chevronnés. Une particularité : lors de l'équinoxe, des gens viennent recevoir l'énergie solaire, habillés en blanc. Les chaleureux habitants ont une moyenne de vie de 94 ans. A vous de tenter l'expérience ! N'oubliez pas de visiter l'église San Sebastián et de regarder l'artisanat de Bernal : principalement des vêtements et des couvertures en laine.

La route des Missions

Les missions de la Sierra Gorda de style baroque populaire seraient les plus tardives de la période coloniale. Elles sont dotées d'une belle façade en relief, ornée de peintures en polychromies de style baroque. Celle de Jalpan fut la première construite par le frère franciscain Juniper Serra qui eut pour charge de coloniser la région habitée par les Indiens pames. Concá, Tilaco, Tancoyol et Landa furent construites sur la base de celle de Jalpan. Juniper Serra était originaire de la ville de Petra dans l'île de Majorque, en Espagne. Il fit construire des missions en Basse Californie ainsi qu'en Californie. Concá et Jalpan sont les villages les plus importants de la Sierra Gorda. Admirez les paysages environnants.

Sótano del Barro

Ce puits possède l'embouchure la plus grande du monde avec ses 600 m de diamètre et ses 450 m de profondeur, c'est le deuxième puits vertical le plus profond du monde. Protégé par l'Unesco, il abrite un écosystème complet et 93 espèces de fleurs ainsi que l'oiseau Guacamaya, en voie de disparition.

Puebla (État de)

L'Etat de Puebla en forme de haricot est une terre d'histoire et de couvents.

Puebla (ville)

Capitale de l'État de Puebla – fondée en 1531 – Puebla est aujourd'hui une grande ville d'environ un million d'habitants. Entourée de trois volcans : le Popocatépetl, l'Iztaccihuatl et le Malinche, Puebla est une ville très espagnole, bourgeoise et conservatrice, par son architecture comme par son ambiance.
La ville aux cent clochers est toutefois un peu perturbée par une université à tendance contestataire.

■ PLAZUELA DE LOS SAPOS

C'est l'un des lieux les plus visités de la ville, une zone où se sont installés les antiquaires, il y a une vingtaine d'années. Le soir, les nombreux cafés, bars et restaurants de la *plazuela* y font régner une ambiance familiale et bohème. Points d'intérêt aussi, dans le quartier, l'église San Jeronimo.

■ CONCORDIA ET PATIO DE LOS AZULEJOS

Los azulejos, ce sont ces faïences bleues originaires du sud de l'Espagne et du Portugal (lointaines origines arabes).
Ce magnifique patio construit en 1676 est considéré comme un des lieux les plus beaux de la ville.

■ CATHÉDRALE

Construite par étapes à partir de 1575 sur ordre du roi Felipe II, elle fut consacrée en 1649. Ses deux tours, de 69,36 m chacune, figurent parmi les plus hautes des églises mexicaines. Remarquez les beaux carreaux de faïence (*azulejos*) multicolores. Cette faïence ressemble à celle de Morelia dans le Michoacán.

■ CASA DE LOS MUÑECOS

Ce magnifique ouvrage de la deuxième partie du XVIIIe siècle présente une combinaison géométrique de *ladrillos*, d'*azulejos* et surtout de figures anthropomorphes connues communément sous le nom de *muñecos*.

© CAU - ICONOTEC

Région de Puebla.

Travail au champ à Puebla.

Le mole poblano

Spécialité du coin, il s'agit d'une riche sauce foncée à base de nombreux ingrédients : sept sortes de chiles, diverses épices ainsi que du cacao. A Puebla, il y a quelques quartiers où l'on peut se promener, boire un verre, grignoter quelques petits plats, éventuellement dîner : Bario los Artistas (Quartier des artistes) à coté du marché d'Artisanies, Bario los Sapos surtout plazuela de los Sapos et calle 3 oriente, enfin le Zócalo.

Il s'agit de seize carreaux de faïence représentant des corps d'hommes et de femmes à demi-nus, aux mêmes traits, certains en position de danseurs, accompagnés d'animaux ou d'instruments de musique.

■ MUSEO AMPARO

En 1979, don Manuel Espinosa Yglesias créa la fondation Amparo, à la mémoire de son épouse, laquelle luttait contre la drogue et l'alcoolisme au travers d'activités sociales, éducatives et culturelles. De là dériva le musée Amparo qui fut inauguré en février 1991, avec un mot d'ordre : « Rencontre avec nos racines ». L'idée maîtresse du musée est que l'art et la culture sont fondamentaux pour qu'une société se connaisse, se fortifie et s'estime. Cette belle image a donc donné naissance à l'un des musées mexicains les plus passionnants.

■ CAPILLA DEL ROSARIO

Bel exemple de baroque pur de Puebla. Construite en 1690, vous remarquerez ses faïences bleues et jaunes.

■ CASA DE ALFEÑIQUE

Construite en 1790, elle possède quelques pièces antiques dont certaines ont appartenu à Porfirio Díaz, ainsi que des peintures retraçant la bataille de 5 mai 1862 et l'époque coloniale.

■ HOSPICE ET COUVENT SANTA MONICA

Datant de 1606, il était destiné à accueillir les femmes mariées de la noblesse pendant l'absence de leurs époux. L'hospice devint, en 1609, un lieu de réclusion de femmes « perdues » avant d'être transformé en couvent pour religieuses. Après la confiscation générale des couvents en 1857, il continua à fonc-tionner clandestinement jusqu'en 1934, date à laquelle le gouvernement fédéral y installa un musée d'art religieux.

■ EX-ACADEMÍA BELLAS ARTES
Construit en 1685, le bâtiment abrite l'Académie des Beaux-Arts depuis 1813. Sa bibliothèque Palafoxiana, du XVIIIe siècle, compte plus de 4 000 volumes dont 3 incunables.

■ AFRICAM SAFARI CAMP
La grande attraction au sud de Puebla est l'African Safari, le plus grand zoo d'Amérique latine, se plaît-on à dire. Fondé en 1972, il compte plus de 3 000 animaux vivant en liberté et dont certains, représentant 250 espèces, sont en voie d'extinction.

Cholula
La pyramide de Cholula, dédiée au dieu de la Pluie Chiconahui Quiáhuitl, détient le record pour sa base, dont chaque côté mesure 450 m.
Elle fut formée au cours de six siècles par sept pyramides superposées. Lorsque Cortés arriva à Cholula, la pyramide était déjà recouverte et il y fit ériger une église à la cime. Le site abonde de restes archéologiques. Cholula était l'un des centres d'échanges commerciaux les plus importants de la Méso-Amérique.

Santa Maria Tonanzitlán
S'il y a un lieu à ne pas manquer, c'est bien ce petit village au sud de Cholula. En effet, l'église possède une façade de style naïf avec ses représentations bibliques. Effectivement, elle fut construite par des indigènes sous la direction d'Espagnols. Passez la porte de l'église et vous tomberez des nues sous le poids d'une décoration extrêmement chargée. Observez bien les anges. Ils ont naturellement des ailes, mais en y regardant de plus près vous verrez qu'ils sont coiffés d'une tête de serpent ! Le serpent à plumes est la représentation du dieu préhispanique Quetzalcóatl, réalisé sous la barbe des catholiques. Les indigènes priaient alors leur dieu pendant les cérémonies qui leur étaient imposées.

Orizaba
La ville d'Orizaba est connue pour ses brasseries. La mairie d'Orizaba, un bâtiment entièrement en acier, était en fait le pavillon belge de l'Exposition universelle de Paris de 1889, plus tard simplement rassemblé sur place. Orizaba était la ville préférée de l'empereur Maximilien et de l'impératrice Charlotte. Vous verrez le pic d'Orizaba enneigé, c'est le plus haut pic du Mexique. Il culmine à 5 610 m.

Tehuacán
A Tehuacán, la ville d'eau la plus importante du Mexique, plusieurs bains publics d'eau froide ainsi que l'ancienne Hacienda Spa Penafiel.

VISITE

Le cœur du Mexique

La côte pacifique

Alors que la côte du Guerrero abrite l'une des plus grandes stations balnéaires du Mexique (Acapulco), l'Etat de Oaxaca possède une offre variée et le Michoacán des côtes très sauvages.

Michoacán (État de)

S'il n'y avait qu'un seul Etat à visiter au Mexique, ce serait celui-là ! Ne passez pas à côté de sa richesse culturelle, de son artisanat, de ses villages préhispaniques et des beautés de sa nature.

Morelia et ses environs

Capitale de l'Etat, Morelia est une très belle ville coloniale de pierre rose, avec une université active, de nombreuses écoles offrant des cours d'espagnol pour les étrangers, une magnifique place centrale, ainsi que quelques joyaux d'architecture baroque mexicaine. Le centre historique de 3 000 m² compte plus de 1 400 édifices ! La plupart furent pensés et dessinés par l'architecte belge Guillermo Wodon de Sorinne.

■ MERCADO DE DULCES

Sous de belles arcades, un amoncellement de confiseries, de sucreries de toutes sortes et de toutes les couleurs. A ne manquer sous aucun prétexte.

■ CONSERVATOIRE DE MUSIQUE

Le conservatoire Miguel Bernal Jimenez est le plus vieux d'Amérique, il date de 1743. La cour intérieure est à voir.

■ MAISON DE DON MARIANO MICHELENA

Elle fut habitée en 1810 par le héros de l'Indépendance, Don Miguel Hidalgo y Costilla. Il faut y admirer le patio !

■ HÔTEL DE VILLE

Au XVIIIe siècle ce bâtiment fut occupé par une institution chargée de contrôler l'achat et la vente de tabac (l'Estanco del Tabaco). Construction de style baroque. Depuis 1859, c'est le siège de la municipalité.

■ MUSEO REGIONAL MICHOACANO

Ce musée est installé dans un palais baroque de la fin du XVIIIe siècle, en effet reconstruit vers 1772 par le riche avocat, commerçant et bienfaiteur de la ville Don Isidro Huarte. Grande variété d'objets d'art préhispanique, de reliques coloniales, de peintures contemporaines réalisées par des artistes locaux comme les peintures murales d'Alfredo Zalce et des expositions portant sur la géologie et la faune de la région.

■ ÉGLISE DE SAINT AUGUSTIN

Eglise du XVIe siècle de style platere-sque (baroque tourmenté) dans lequel on peut distinguer les éléments médiévaux, surtout dans le cloître. Dans cette église est vénérée l'image de la Vierge « del Socorro » cadeau de San Tomás de Villanueva au couvent de Valladolid.

■ CASA NATAL DE MORELOS

José Maria Morelos y Pavón « El Generalísimo », est l'une des figures de l'Indépendance mexicaine.

Il est né en septembre 1765, dans la maison qui fait l'angle de Corregidora et García Obeso. Deux siècles plus tard, la demeure fut déclarée Monument national et transformée en Museo Casa Natal de Morelos.

■ CATHÉDRALE
Sa construction s'étendit sur un siècle (1640-1744). Ce bel édifice dominant la place d'Armes combine les styles architecturaux herreresque, baroque et néoclassique. Ses deux tours jumelles en sont l'illustration parfaite. Les bas-reliefs baroques de l'intérieur furent remplacés par des pièces néoclassiques au XIXe siècle. A signaler, un grand orgue comportant 4 600 tuyaux ou flûtes.

■ ÉGLISE ET EX-COUVENT DEL CARMEN
Début de cette construction de style baroque en 1593 qui continua jusqu'au XIXe siècle. A l'intérieur, des peintures d'une grande qualité signées par des peintres de renommée. Restauré entre 1974 et 1976, le couvent est aujourd'hui le siège de l'Instituto Michoacano de Cultura, et la maison de la culture « Casa de la Cultura ».

■ PALAIS DU GOUVERNEMENT
C'est depuis 1867, un des plus beaux bâtiments de style baroque tablerado de la ville. Dans la cour intérieure, on peut observer les peintures murales du peintre michoacano Alfredo Zalce.

■ ANCIENNE MAISON DE DON GABRIEL GARCÍA OBESO
On remarquera le mélange baroque de la construction et néoclassique de la façade. La maison fut achetée par le conseiller municipal en 1781. C'est ici qu'en 1809, se réunissaient secrètement plusieurs personnages de la ville pour préparer l'indépendance du Mexique.

■ ANCIENNE MAISON DE L'INTENDANT DON JOSÉ ANZORENA
Il fut le premier à signer le décret de l'Abolition de l'esclavage, le 10 octobre 1810. Actuellement siège du pouvoir législatif du gouvernement de l'Etat. La maison a subi l'influence des styles français de l'époque.

■ MUSEO DE SITIO DE MORELOS
Belle maison baroque construite en 1758, achetée et restaurée en 1801 par Don José María Morelos y Pavón selon les goûts de l'époque. Ce musée retrace la vie de l'homme au travers de peintures, de photographies, de meubles et d'effets personnels. C'est aussi le gardien des archives de l'épiscopat du Michoacán.

■ ÉGLISE DE LAS MONJAS
L'église et le couvent furent construits en 1729 par l'évêque de la ville, pour les nonnes Catherine. Le grand tableau qu'on trouve au musée régional Michoacano représente d'ailleurs la marche des religieuses dans la calle Real pour rejoindre ce qui était à l'époque un nouveau couvent.

■ FONTAINE DES TARASCAS
La sculpture représente trois femmes indigènes qui soutiennent sur leur tête un plateau de fruits de la région *batea*. Elle est devenue le symbole de la ville.

■ BOIS CUAUHTÉMO
On y accède à partir de la fontaine Tarasca, en passant par un bel aqueduc construit à la fin du XVIIIe siècle. Illuminé le soir, il montre encore 230 de ses 253 arcs d'origine, dont les plus hauts mesurent 7,5 m.

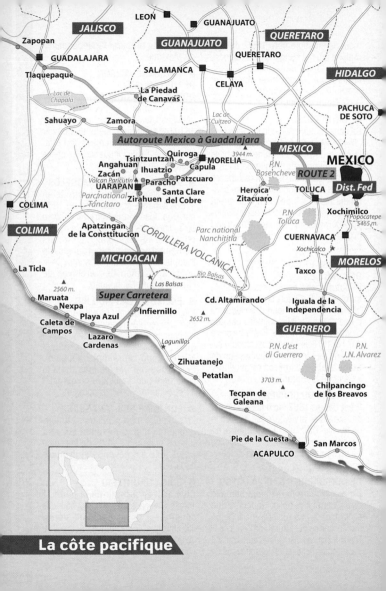

Dans le grand parc du Bosque Cuauh-témoc, se trouve un intéressant musée d'Art contemporain Alfredo Zalce (MACAZ), proposant des expositions temporaires d'art moderne. Cent mètres plus loin, sur la plaza Morelos, on peut admirer la statue équestre de Morelos en fier combattant. La sculpture fut réalisée par un architecte italien entre 1910 et 1913. On trouve également le musée d'Histoire naturelle Dr. Manuel Martinez Solórzano, qui s'est attaché à l'étude de l'histoire de la nature.

■ **SANCTUAIRE
DE LA VIERGE DE GUADALUPE**
Connu aussi comme l'ex-couvent de San Diego. Du style baroque subsistent la façade et la tour. A l'intérieur l'église fut décorée avec des fleurs et des feuilles en 1915 par Don Joaquín Orta.

■ **SANCTUAIRE
DE PAPILLONS MONARQUES**
C'est à l'est du Michoacán, à la frontière avec l'Etat de Mexico, que l'on peut voir cet impressionnant sanctuaire de papillons monarques. Chaque année, vers le 28 octobre, arrivent ici quelques centaines de millions de papillons qui se reproduisent avant de repartir, aux environs de la mi-avril, vers les Etats-Unis et le sud du Canada. L'effet est particulièrement spectaculaire lorsqu'ils couvrent les arbres tout entiers de leur flamboyante robe orange. Quand il y en a partout autour de vous, papillonnant dans tous les sens, vous avez l'impression d'être au paradis !

Patzcuaro

Patzcuaro, le lieu des pierres noires. Ce petit village, au bord du lac du même nom inspire la méditation. André Breton a rendu visite à Diego Riviera

Manifestations

Les pastorelas sont des sortes de mys-tères médiévaux relatant le voyage des rois mages allant voir l'Enfant Jésus. El-les ont lieu sur la place Vasco Quiroga, pendant les fêtes de Noël. Huit villages y participent à travers des danses de masques simulant la lutte entre anges et démons.

et Frida Khalo qui ont séjourné dans le village d'Erongarícuaro, dans une maison qui est maintenant une usine de meubles.

Le travail du bois est la spécialité de l'Etat : l'artisanat ainsi que les meubles fabriqués dans cet Etat sont très demandés, principalement aux Etats-Unis et au Japon. Ce lieu, qui respire le passé et l'histoire, donne l'étrange sensation de se trouver dans la ville la plus historique et la plus ancienne du Mexique. Elle fut fondée en 1324 par les Purépechas et s'appelait alors Petatzecuaro. C'est en 1534, sous le règne des Espagnols, que la ville changea de nom. La zone lacustre, *región lacustre*, est composée d'une vingtaine de villages purépechas, de deux sites archéologiques majeurs : Tzintzuntzán et Ihuatzio.

■ **PLAZA VASCO DE QUIROGA**
Entourée d'arbres et de nombreuses arcades de maisons datant du XVIIe siècle, la Plaza Vasco de Quiroga est l'une des plus belles du pays. L'un des édifices les plus prestigieux est la Casa del Gigante, au 40 de la Portal Matamoros. Construite en 1663, cette maison particulière, et donc fermée au public, doit son nom à l'énorme statue qui orne sa cour.

■ BIBLIOTECA PÚBLICA

Au fond se trouve un mur peint par l'architecte Juan O'Gorman en 1942, il représente l'origine mystique, préhispanique, coloniale jusqu'à retrouver la révolution de 1910.

■ ESPLANADE DU MERCADO PRINCIPAL

Elle se situe à côté de la deuxième place de la ville : Plaza Gertrudis Bocanegra, et sa sculpture en bronze en hommage à l'héroïne locale fusillée en 1818, coupable d'avoir soutenu le mouvement indépendantiste.

■ FUENTE DEL TORITO

Il s'agit d'une fontaine typique de Pátzcuaro. D'après la légende, on raconte qu'à cet endroit un cavalier s'est écrasé à cause d'un taureau qui était là ; les autorités ont accusé la fontaine pour homicide et après un long procès l'ont condamnée à changer d'endroit !

■ BASÍLICA NUESTRA SEÑORA DE LA SALUD

Dans cette basilique, d'abord conçue pour recevoir 30 000 personnes, seule la nef centrale est d'origine, le reste de l'édifice fut achevé au XIXᵉ siècle. La tombe de Quiroga, ou Mausoleo de don Vasco est sur le côté gauche en entrant par la porte ouest.

La figure de la Vierge la plus vénérée est celle de Nuestra Señora de la Salud, une procession est célébrée en son honneur le 8 décembre. Exécutée par des Indiens tarascans à la demande de Quiroga, elle passe pour être à l'origine de nombreuses guérisons miraculeuses. Des pèlerinages y attirent des croyants de tout le pays, la quantité d'ex-voto exposés en témoigne. Certains pénitents font encore le trajet à genoux de la place à la nef.

■ MUSEO DE ARTES E INDUSTRIAS POPULARES

Il est consacré aux arts et artisanats du Michoacán. Ce musée est le premier dans son genre au Mexique, il propose une des meilleures collections de laques maque et peribanas, véritables joyaux artisanaux.

■ EX-COUVENT DES JÉSUITES

Ex-couvent construit en 1576, qui conserve encore le temple qui est actuellement utilisé comme bibliothèque publique. Le mur peint de Juan O'Gorman à l'intérieur de la bibliothèque retrace l'histoire des Tarascos. Sur un côté, le « théâtre Caltzonzin », construit sur les vestiges du monastère.

■ IGLESIA DE LA COMPAÑÍA DE JESÚS

Elle héberge les membres de la Compagnie de Jésus, qui sont arrivés au diocèse de Michoacán grâce aux efforts de Don Vasco de Quiroga, alors conscient du prestige de cette Compagnie en matière d'éducation. On raconte que l'horloge sur sa tour a été bannie d'Espagne pour avoir indiqué une heure malheureuse à l'un des monarques. Peintures intéressantes du XVIIIᵉ siècle. Elle abrite aujourd'hui la maison de la Culture.

■ EL SAGRARIO (LE SANCTUAIRE)

Le début de la construction de cette église date de 1693 et elle s'est achevée deux siècles plus tard. Pendant ces années, divers ornements décoratifs ont été ajoutés. L'édifice a hébergé le sanctuaire de Notre-Dame de la Santé jusqu'à 1924. Les arches sont une icône de la ville.

■ CASA DE LOS ONCE PATIOS

Cet ancien couvent des religieuses dominicaines de Sainte-Catherine abrita dans ses murs l'un des plus anciens hôpitaux du Mexique. A l'entrée, on peut voir un bain du XVIᵉ siècle. Aujourd'hui, des boutiques d'artisanat de diverses régions de Michoacán l'ont investi.

Zone lacustre : lac de Patzcuaro

Le lac en compte trois, Pacanda qui signifie « qui pousse dans l'eau », Tecuena « bon miel », Yunuén « demi-lune ». Enfin, l'île la plus prisée est Janitzio, « cheveux d'épi de maïs », que l'on atteint après une bonne demi-heure de navigation. Au loin déjà, on ne voit de cette terre immergée qu'une seule chose, la colossale statue de Morelos (40 m de hauteur), le poing levé.

Erongarícuaro

Petit village, situé à 2 050 m d'altitude et à 18 km de Pátzcuaro, qui se prête au recueillement et à la réflexion. C'est dans ce village que Diego Rivera et Frida Khalo venaient se recueillir.

Ce lieu a attiré beaucoup de peintres surréalistes dont André Breton. Aujourd'hui des expositions sont présentées.

Tzintzuntzán

Ce fut le centre de pouvoir le plus important des Tarascos appelés aussi Purépechas, la civilisation la plus avancée de l'occident mexicain pendant la période postclassique tardive. A l'arrivée des Espagnols, Tanganxoan II gouverne l'empire, il est alors brûlé par Nuño de Guzman en 1529. Vous pourrez observer la caractéristique des constructions tarasca : les *yácatas*, combinaison d'une construction rec-tangulaire et circulaire.

Ihuatzio

Zone archéologique qui fut un lieu de pouvoir, comme Tzintzuntzán. Celui-là a la particularité d'avoir un grand mur de défense. Le mirador, circulaire, devait être un observatoire astrologique.

© TONY STEINHARDT - AUTHOR'S IMAGE

Île de Janitzio.

Uruapán

La ville doit sa physionomie particulière au río Cupatitzio, sur les rives duquel la végétation reste luxuriante tout au long de l'année. Elle fut fondée en 1540 par le frère Juan de San Miguel qui édifia le temple et le couvent. Actuellement, c'est le musée d'Art populaire. La place principale s'appelle la place des Martyrs en l'honneur de cinq républicains exécutés par l'armée impérialiste en octobre 1865 (intervention française, sous Maximilien). A Uruapán, l'artisanat est un véritable mode de vie et ceux qui s'y adonnent sont fiers de savoir que c'est ici qu'est née la technique du maque. Celle-ci consiste à recouvrir chaque pièce de bois d'un mélange d'huiles animales ou végétales. Une fois la couche durcie, cela ressemble à un bois laqué et les artistes peuvent alors entamer la phase décorative avec des motifs peints.

■ MERCADO DE ARTESANÍAS

Le marché d'artisanat, face à l'entrée du parc national Eduardo Ruiz, vous donnera un formidable aperçu de cet artisanat local.

■ MUSÉE MUNICIPAL EDUARDO RUIZ

Au premier étage de la maison de la Culture consacrée à cet historien originaire de la ville, différentes pièces préhispaniques sont exposées ainsi que des manuscrits. Le musée partage l'édifice avec la maison de la Culture de la ville.

■ PARQUE NACIONAL EDUARDO RUIZ OU BARRANCA DEL CUPATITZIO

C'est ici que naît le río Cupatitzio dont le nom signifie « la rivière qui chante ».

Le parc s'enorgueillit d'une végétation tropicale dense, ainsi que de diverses chutes d'eau que l'on peut parcourir au gré des allées pavées.

Les environs d'Uruapán

La Tzaráracua

10 km après la source, le río Cupatitzio forme une cascade d'une vingtaine de mètres, au milieu d'une exubérante végétation. La balade peut se faire à pied ou à cheval.

Volcan Paricutín

Dans la Sierra de Tancitaro, le volcan Paricutín entra en éruption le 20 février 1943, ce n'est que huit ans plus tard qu'il cessa de déverser de la lave sur les villages environnants. Seul le sommet de l'église de San Juan Parangaricutiro dépasse, comme le témoignage du passé.

Les environs du volcan sont une invitation aux grands espaces. Le volcan possède un cratère parfait. Depuis la cime, on peut dévaler le Paricutín en sautant dans le sable fin et noir ce qui donne la sensation d'être un astronaute en apesanteur !

Paracho

Connu internationalement pour ses guitares fabriquées par une communauté purépecha. La deuxième semaine d'août s'y déroule la foire nationale de la guitare : expositions et concerts. L'évêque Vasco de Quiroga aurait été l'initiateur de cette communauté. On dit que les seules concurrentes de ces guitares sont les guitares espagnoles.

Sur la côte

Les plages de la côte du Michoacán s'étendent sur 213 km. Elles sont peu équipées.

Ce sont des plages naturelles où l'on peut pratiquer le surf et observer les tortues marines. Les plages sont entourées d'une végétation luxuriante et de formations rocheuses.

Playa Azul

C'est la plage des Michoacanos en visite sur la côte. Un climat agréable, des poissons à déguster sous les tonnelles, les yeux rivés sur l'océan Pacifique en sirotant une coco bien juteuse suffisent à convaincre. On compte quatre campements qui œuvrent, de juin à décembre, à la préservation des tortues. Justement en octobre ne pas rater la fête de la Libération de la tortue (environ 5 000 tortues).

Les tortues du Michoacán

Quatre espèces de tortues marines sur sept voyageant au Mexique fréquentent la côte du Michoacán et trois d'entre elles se reproduisent ici : la Golfina, la Gigante ou Laúd et la Negra. Dans le village de Cololá existe un petit musée dédié aux tortues, aux programmes de reproduction et de recherches.

La Tortuga Negra (tortue noire) vit et se reproduit seulement dans cette partie de la planète, elle fait son nid depuis les plages de Pinchinguillo jusqu'à celles du Phare de Bucerías, et principalement à Colola, Maruata et Motín de Oro. Prenez rendez-vous avec la Golfina sur les plages de Ixtapilla, Las Peñas, Cololá et Maruata (juillet à novembre). La Gigante arrive d'octobre à avril, mais sur les plages de Mexiquillo et Caleta de Campos, elle fait son nid surtout en novembre et décembre. La Negra fréquente les mêmes plages, mais arrive un mois après la Golfina.

Caleta de Campos

Cette baie est la plus sécurisante si vous n'êtes pas surfeur ou tout simplement accompagné de vos enfants. On y pratique des sports aquatiques aussi.

Nexpa

Juste après Caleta, un petit paradis du surf en quelque sorte, une droite *beach break* et une gauche longue... longue... Plus à l'est, on trouve Maruata. La mer tumultueuse de couleur turquoise habille avec énergie ce paysage toujours verdoyant.

La plage de Maruata est merveilleuse, car elle est entourée de falaises et de rochers avec ses grottes et grottes sous-marines où le ressac de la mer vient s'infiltrer. Une formation rocheuse partage la plage en deux. C'est une réserve de tortues marines depuis 1986.

Guerrero (État de)

L'Etat porte le nom d'un héros de l'indépendance, Vicente Guerrero. C'est dans la ville d'Iguala, entre Cuernavaca et Acapulco qu'a été créé le drapeau mexicain appelé le drapeau des trois garanties qui fut honoré le 24 février 1821 avant de partir pour la capitale.

Acapulco

A l'arrivée de Hernan Cortés en 1530, Acapulco devint l'une des principales routes commerciales entre les Philippines et l'Espagne. Acapulco tomba ensuite dans l'oubli jusqu'à la construction de la première route en 1927, puis du premier hôtel en 1934. Le nombre de visiteurs augmenta alors très rapidement, jusqu'à ce que la ville devienne le premier lieu touristique du Mexique. La baie d'Acapulco est

Zócalo et cathédrale Nuestra Señora
de la Soledad, Acapulco.

après la baie de Puerto Marqués,
Barra Vieja où se déroule le festival
de musique électronique et playa
Revolcadero où l'on pratique le surf.

■ CATHÉDRALE NUESTRA SEÑORA DE LA SOLEDAD

Cathédrale érigée en 1930 sur le Zócalo.
Ses tours byzantines et son dôme
rappelant les mosquées ottomanes
font son originalité. A l'intérieur, les
murs sont bleus et le plancher blanc
et doré.

■ FUERTE DE SAN DIEGO

Construit en 1615 pour contenir les
pirates anglais et français, ce fort a été
détruit en 1770 par un tremblement
de terre. Restauré, il est devenu un
petit musée historique.

■ MAISON DE DOLORÉS OLMEDO

Le peintre Diego Rivera réalisa en
1956 une fresque sur tout le mur
extérieur, à l'aide de coquillages et
de tuiles de couleur.

magnifique. Il y a différentes manières
de l'apprécier : la plage de la vieille
ville, la playa Diamante (golf, immenses
hôtels et premier casino du Mexique)

Los Clavadistas (les plongeurs d'Acapulco)

Cinq fois par jour depuis plus de quarante
ans, les fameux plongeurs des falaises se
jettent du haut de La Quebrada (35 m de
hauteur) située dans la partie ancienne de la
ville. Les sauts ont lieu à 13h, 19h30, 20h30,
21h30 et 22h30 (en nocturne, les sauts sont
réalisés avec un flambeau). Vous pouvez
assister au spectacle en payant un droit
d'entrée, lequel vous donne droit à l'accès
à une plate-forme aménagée, mais vous
pouvez également profiter du spectacle,
en descendant la route où un belvédère en
forme d'amphithéâtre surplombe la mer.

La Quebrada d'où plongent les « Clavadistas ».

Acapulco.

le soleil se coucher sur Acapulco, certains font le chemin jusqu'à Pie de la Cuesta. On y trouve les meilleures vagues et les plus beaux couchers de soleil.

Laguna de Coyuca

La lagune qui est à deux pas de la plage de Pie de la Cuesta est un des points les plus intéressants pour observer un coucher de soleil. Toute une gamme de tons et de couleurs en harmonie autour d'une flore tropicale et d'un refuge ornithologique. Les eaux calmes permettent d'y pratiquer de nombreux sports aquatiques.

Zihuatanejo

Ici, la végétation des montagnes de la Sierra Madre del Sur est luxuriante, le littoral long d'une trentaine de kilomètres offre des plages de sable et des criques.

Zihuatanejo a l'aspect compact et confortable d'une petite station balnéaire tout en offrant plusieurs prestations touristiques.

Pie de la Cuesta ou Puesta del Sol

Connue également sous le nom de Sunset Beach. Comme on ne voit pas

Acapulco.

La plage de la ville est un charmant décor où l'on peut se sustenter. Sur la baie s'étend la playa la Ropa, ainsi appelée à cause de la cargaison d'un bateau qui y fit naufrage jadis. Au milieu de la baie, la playa Madera est de qualité moyenne.

Au large de la playa Las Gatas, la digue légendaire, qui protégeait des requins les baignades des membres de la famille royale de Tarascon, est désormais un site de plongée sous-marine.

▶ **Plages.** Playa la Ropa, Playa la Gata. Bien sûr ! Les plus belles plages sont playa la Ropa, où sont tous les beaux hôtels et Playa La Gata (prenez le bateau pour y aller). Sur la Playa Principal, observer le va et vient des pêcheurs, tôt le matin, ainsi que l'armée qui garde des œufs de tortues. Les œufs sont protégés et en manger est formellement interdit.

Ixtapa

Ixtapa veut dire en nahuatl « la ville blanche ». La station est née en 1970. La baie ouverte est balayée par les puissantes vagues du Pacifique qui permettent de faire du surf. Si vous êtes avec des enfants, vous trouverez moins de courants à l'extrémité est de la plage.

■ **PLAYA DE PALMAR**
C'est la grande et très belle plage ouverte sur l'océan. Celle où se concentre la zone hôtelière et qui va du funiculaire au sud à la marina au nord. Nombreux et puissants rouleaux (attention !) qui font la joie des surfeurs.

■ **ISLA IXTAPA OU ISLA GRANDE**
Elle se trouve à l'ouest d'Ixtapa après la pointe Ixtapa. Isla Ixtapa est très interressante pour le snorkeling.

Taxco

Fondée par Cortés en 1529, cette « médina » aux ruelles étroites, escarpées et sinueuses est la ville du noble minerai, l'argent. Taxco se trouve dans le centre minier le plus ancien du continent. C'est le lieu idéal pour acheter des bijoux en argent, dont le très vaste choix saura combler tous les voyageurs. Taxco qui compte environ 18 000 habitants se targue depuis peu de concurrencer Rio de Janeiro avec son Christ, qui surplombe la ville depuis le sommet de la montagne.

© S. NICOLAS - ICONOTEC

Taxco.

■ PARROQUIA SANTA PRISCA

Construite en sept ans à peine (1751-1758), avec sa façade flanquée de deux tours, Santa Prisca est une merveille de l'art baroque.

■ CASA HUMBOLDT

Ainsi appelée car, en 1803, elle accueillit Alexandre Humboldt, explorateur et naturaliste allemand. Avec sa façade principale, décorée de motifs géométriques de style mudéjar, son patio et sa fontaine, sa galerie, elle est caractéristique des demeures construites au XVIIe siècle, à une époque où la production minière était à son apogée. Le bâtiment abrite actuellement la Casa de Artesanías et le Museo de Arte Virreinal (l'art religieux colonial).

Grottes de Cacahuamilpa

Les grottes de Cacahuamilpa sont considérées comme les plus grandes et plus belles de la planète. A l'intérieur, de grandes sculptures naturelles, dont plus d'une vingtaine de voûtes s'étalant sur 2 km. On peut y admirer de belles stalactites et stalagmites, et deux cavités d'où passent les fleuves souterrains Chontalcoatlán avec une extension de 8 kilomètres, et le San Jerónimo qui en mesure 12. Ils sont bordés par des plages de sable et l'obscurité est totale dans la majeure partie du chemin. Ils émergent à la superficie à Dos Bocas et un peu plus loin au río Amacuzac.

Chilalapa

Chilapa est située le long d'une crête dominant le fond plat d'une vallée. Les vagues de nuages qui roulent du Pacifique se crèvent sur les crêtes rocheuses, laissant une mince brume à la surface de la route. Chilapa est considérée comme la porte d'entrée de la zone Mixtèque-Tlapaneca-Nahoa, qui abrite l'habitat montagneux de l'une des plus grandes concentrations d'indigènes du Mexique.

■ CATHÉDRALE SAINT-MICHEL

Enorme pour une ville d'aussi modestes dimensions, elle est destinée à drainer tous les Indiens des environs. Leur catholicisme, cependant, est très relatif et pétri de références à des croyances traditionnelles pré-chrétiennes.

■ MARCHÉ

Pendant les week-ends, le centre-ville se transforme en un énorme marché. Ce *mercado* est la raison d'être de Chilapa. L'artisanat est exposé le long et en face de la cathédrale. On trouvera des masques et autres figures de bois sculpté, ainsi qu'un large choix des meilleurs paniers tressés du Mexique.

Zitlala

Il vaut définitivement mieux visiter Zitlala le dimanche, jour du marché, d'autant que c'est le centre de fabrication des masques. Le monument le plus important de Zitlala est l'église consacrée à saint Nicolas Tolentino. Ce long bâtiment étroit du XVIe siècle est la meilleure illustration des tentatives de synthèse entre les croyances traditionnelles et celles répandues par les missions de l'Eglise catholique : elle a abandonné l'arrangement habituel des fidèles en rang et du prêtre dominant de l'autel ; l'assemblée se réunit tout au long du bâtiment, des groupes entourent des autels consacrés ou improvisés. Les rituels traditionnels incluent la danse des Zopilotes et la procession du jaguar céleste. Le jaguar, dont l'image est partout présente, occupe une place centrale dans les croyances indigènes.

Oaxaca (État de)

20 % de la population indienne du Mexique vit dans l'État d'Oaxaca. Les Mixtèques du nord sont environ 500 000, mais ce sont les Zapotèques qui prédominent aujourd'hui dans la vallée centrale et dans le sud de l'État.

Oaxaca (ville)

Oaxaca porte officiellement le nom de l'un des personnages historiques les plus importants, sinon le plus populaire de l'histoire du Mexique, Benito Juárez. Envoyé à Oaxaca pour servir de domestique, Benito Juárez se distingua par ses qualités et fut adopté par la famille Salanuevas qui pourvut à ses études. Arrivé au poste de ministre de la Justice, il conçut la première grande réforme du pays connue sous le nom de loi Juárez. Il prit la tête du mouvement libéral qui évinça le dictateur Santa Anna, puis mena la résistance nationale contre les Français et contre Maximilien

Fêtes de Los Lunes del Cerro...

Les fêtes de los Lunes del Cerro, sont célébrées à Oaxaca durant deux jours fin juillet. Lors de cette fête, Oaxaca reçoit les offrandes de sept groupes venant des régions environnantes : Sierra Juárez, Tuxtepec, la Cañada, etc. Ces dons symboliques sont connus sous le nom de Guelaguetza (mot zapotèque signifiant « participation »).

avant d'être nommé président de la République du Mexique, charge qu'il conserva jusqu'à sa mort, en 1871. L'autre personnage illustre lié à l'histoire d'Oaxaca où il naquit, fut Porfirio Díaz, un métis. Succédant à Juárez, Porfirio Díaz dirigea le pays en dictateur absolu pendant trente-cinq ans.

© DAJ - ICONOTEC

Rue aux devantures colorées d'Oaxaca.

■ CENTRO CULTURAL « SANTO DOMINGO » MUSEO DE LAS CULTURAS

Logé dans l'ancien couvent Santo Domíngo, ce merveilleux musée expose des objets d'art et d'intérêt ethnologique, y compris l'artisanat tribal et régional. Mais les trésors principaux de ses collections sont l'or et le jade retrouvés dans le Septième Tombeau de Monte Albán.

■ SANTO DOMINGO

Son magnifique plafond en stuc représente l'arbre généalogique de Santo Domingo de Guzmán, fondateur de l'Ordre, fait l'orgueil de cette église du XVIe siècle. Formidable exemple d'art baroque. Trente-six peintures décrivent le passage de l'Ancien au Nouveau Testament. Actuellement, le couvent abrite un musée dont s'occupe l'Institut national d'anthropologie et d'histoire. Certaines personnes parlent de la huitième merveille du monde, en tout cas, ne ratez pas cette église qui brille grâce à l'omniprésence de ses dorures !

■ MUSEO DE ARTE PREHISPÁNICO DE MEXICO « RUFINO TAMAYO »

La collection privée d'art précolombien (800 pièces) du maître le plus connu d'Oaxaca. Cette très belle demeure date du XVIIIe siècle.

■ MUSEO DE SITIO CASA JUAREZ

C'est la maison où le futur président, alors jeune garçon, a été employé en qualité de domestique. Le musée nous renseigne sur les conditions de vie de la classe moyenne au début du XIXe siècle à Oaxaca. Il expose également des documents, dont la correspondance de Juárez, et le masque mortuaire du président.

■ TEATRO MACEDONIO ALCALÁ

L'exemple type d'un bâtiment Porfiriato (il date de 1904). Du style Beaux-Arts au style Louis XV (le foyer).

■ MERCADO 20 DE NOVIEMBRE

Sa spécialité : les boulangeries et les *comedors* (restaurants) qui servent la meilleure alimentation et la moins chère de la ville.

© AUTHOR'S IMAGE

Église Santo Domingo, Oaxaca.

Le mezcal d'Oaxaca : une boisson des dieux à la conquête du monde...

Si le mezcal est un alcool, il est d'abord un mythe. Boisson ancestrale, héritière du pulque préhispanique, le mezcal a suscité au XXe siècle une adhésion littéraire qui réunit, entre autres noms, ceux de Macolm Lowry, Carlos Castañeda, et J.-M. G. Le Clézio. Sur les terres d'Oaxaca, la plante maguey, de la famille des agaves, souvent assimilée à tort au cactus, est cultivée depuis fort longtemps. Avant Cortés, les Indiens en tiraient une nourriture et une boisson, le pulque, peu alcoolisée et considérée comme le breuvage des dieux, placée sous le patronage de

Fabrique de mezcal à Oaxaca.

Mahyauel, déesse aztèque du maguey et légendaire mère nourricière. Etonnés par les vertus de cette plante aux multiples usages, que le père Ascola rebaptisa « l'arbre aux merveilles », les conquistadors, à la recherche d'une eau-de-vie locale plus forte que le pulque, appliquèrent au maguey une technique inconnue des Indiens, la distillation. Le résultat de cette manipulation fut baptisé mezcal.

C'est l'endroit idéal pour goûter le chocolat chaud. Le chocolat était considéré comme la boisson des dieux à Oaxaca, vous vous trouvez au cœur de son royaume.

■ MERCADO
DE LA PLAZUELA DEL CARMEN

En face de l'église Santo Domíngo, il abonde en produits artisanaux, notamment des tissus.

Les environs d'Oaxaca

Santa María el Tule

Sur la route de Mitla, ne manquez pas d'admirer l'arbre de Tule (ou *ahuehuetl*), le plus vieux du monde, paraît-il, âgé de plus de 2 000 ans,

de 52 mètres de diamètre, 40 de hauteur et d'un poids approximatif de 510 tonnes.

Mitla

Mitla signifie « le lieu des morts ou inframonde ». Plus qu'une nécropole, c'est une ville splendide aux palais décorés de mosaïques. Zapotèque à sa naissance, elle a été rapidement conquise par les Mixtèques. Les bâtiments s'organisent autour du patio central ; ses ouvertures permettent d'accéder aux tombes situées sous les édifices. Les murs sont décorés de mosaïques formées par des pierres taillées qui dessinent des motifs à la grecque et des escargots de mer.

Les toits sont soutenus par d'imposantes colonnes monolithiques.

Hierve el Agua

C'est une superbe cascade d'eau pétrifiante de couleur blanc vert entourée d'un parc qui se parcourt tranquillement. Il est possible de se baigner dans des retenues d'eau, devant un panorama magnifique.

Hierve el Agua.

Monte Albán

Les ruines de Monte Albán se trouvent à 10 km à l'ouest d'Oaxaca. A 2 000 mètres d'altitude, Monte Albán, que les Espagnols nommaient « mont Blanc », fut bâti par un peuple inconnu, probablement influencé par les Olmèques. Ce site, connu sous le nom de Monte Albán I, comporterait le plus ancien calendrier, le calendrier rituel de 260 jours, et s'est développé, en cinq grandes étapes, sur une période de 2 500 ans, à partir du début de l'occupation de la vallée d'Oaxaca (1000-300 avant J.-C). Il couvrait une superficie de 40 km² à l'étape finale. Monte Albán I fut suivi par Monte Albán II (300 avant J.-C. – 0), puis vint Monte Albán III (300-900 après J.-C.) et enfin, arrivèrent les Zapotèques. A cette époque furent construites les structures principales de la Gran Plaza, très fortement influencées par Teotihuacán (l'édifice M avec son talud-tablero). Monte Albán IV (900-1200) fut témoin du déclin du site, utilisé principalement comme cimetière, puisque aucune construction nouvelle ne lui avait été ajoutée. Lorsque les conquistadors arrivèrent, Monte Albán avait été définitivement abandonné.

Monte Albán.

■ **GALERIE DES DANZANTES**

Ce sont des grandes pierres sur lesquelles on a représenté différents personnages. La posture suggère une danse d'où le nom de la « galerie des danseurs ». Les glyphes accompagnant ces « danseurs » n'ont toujours pas été complètement décryptés.

Puerto Escondido

C'est la destination privilégiée de nombreux voyageurs, locaux ou internationaux, à la recherche de plages dans un joli cadre et à des prix raisonnables.

▶ **Plongée.** Même si la lumière n'est pas comparable à celle des Caraïbes, la faune marine est présente. La meilleure saison pour plonger s'étend de septembre à janvier.

▶ **Pêche.** Sortie dès 7h du matin à la rencontre des dauphins et session de pêche au programme. Deux options pour passer 4 heures en mer : une barque collective ou un service plus personnalisé.

■ **MUSÉE DU CENTRE MEXICAIN DE LA TORTUE**

L'objectif du centre est d'informer les visiteurs sur les connaissances en biologie, la conservation et la législation en matière de protection des tortues, de promouvoir un tourisme écologique. Idéal pour connaître les sept espèces de tortues marines sur les huit que compte la planète.

Nopala

Lieu où l'on visite la plantation de café et côtoie les Indiens chatinos le jour du marché (samedi), la Laguna de Chacahua au parc national fleuri par une végétation tropicale. Les visiteurs peuvent pêcher, nager, ou bien suivre le fil de l'eau sur une barque.

© AUTHOR'S IMAGE

Puerto Escondido.

Zipolite

Village de création récente, Zipolite a vu le jour à la fin des années 1960, lors de l'installation de quelques hippies attirés par la beauté du site. Quittant leurs plantations de café, quelques habitants de Puerto Angel sont venus vivre, tels des satellites, autour des *gringos*. Ce petit village réputé pour le naturisme, la drogue douce, la pratique de la méditation et des massages, fut surnommé playa del Amor.

Bahias de Huatulco

Huatulco est une jeune station balnéaire. Ses neuf magnifiques baies et ses 36 plages s'étalent sur 35 km. La majorité de ses plages sont des réserves écologiques très peu accessibles par la route. Pour en profiter, il faut visiter les baies par voie marine. La petite et tranquille ville de Santa Cruz Huatulco est recommandée aux amoureux de la nature, aux sportifs.

VISITE

La côte pacifique

Le golfe du Mexique

Dans le golfe, il règne une ambiance décontractée et joyeuse. Veracruz possède le plus important carnaval du Mexique, le troisième sans doute du monde, après celui de Rio et celui de la Nouvelle-Orléans.

© SYLVIE LIGON

Fort San Juan de Ulúa à Veracruz.

Veracruz (État de)

La région a de quoi séduire avec ses plages, ses monuments historiques, sa gastronomie et son folklore.

Veracruz (ville)

Si vous aimez le vent, la mer et la musique, Veracruz, la « Vraie Croix », vous charmera. C'est une ville relativement étendue dont le très beau zócalo (marché) vit au rythme de nombreux groupes de musique jarocha et mariachi. Son port est le premier qui ait été fondé au Mexique par les Espagnols. Ce fut le début de la conquête espagnole. À Veracruz se déroule le fameux carnaval en février,

le plus important du Mexique et sans doute le plus grand après celui de Rio de Janeiro et de la Nouvelle-Orléans. C'est un événement à ne pas manquer, surtout qu'il ne dure que trois jours !

■ EMBARCADÈRE POUR SAN JUAN DE ULÚA ET L'ÎLE DES SACRIFICES

L'île est découverte au début XVIe siècle par les Espagnols, elle reçoit ce nom parce qu'ils y découvrent des restes humains, apparemment sacrifiés au dieu Tajín. Elle fait partie de la barrière constituée de 23 récifs coralliens, elle est aussi la plus proche de Veracruz car seuls 2,3 km la séparent de la plage de Costa Verde à Boca del Río.

La faune qui la peuple ou l'entoure est riche : en son ciel, le faucon pèlerin et la mouette, sur sa terre le boa constricteur et l'iguane vert ; et dans ses eaux : tortues, poissons ange, barracudas, thons, marlins et tarpons. C'est aussi une autoroute qu'empruntent allégrement les requins-marteaux lors des vacances de la migration en avril, août et septembre. En mai et juin, c'est au tour des dauphins de venir apprécier les jolis coraux.

■ ZOCALO

La constitution de Cádiz en 1812 fut proclamée ici. À ne rater sous aucun prétexte, surtout le soir où touristes, autochtones, indigènes et marins s'y retrouvent…Il y flotte une délicieuse et unique ambiance de fête, de détente et de brassage culturel… de Bohème !

■ PALACIO MUNICIPAL

Siège du plus ancien « ayuntamiento » de Mexico et le premier de l'Amérique continentale. Les deux étages ont été construits en 1627, il s'agit d'un des bâtiments les plus beaux et emblématiques de la ville.

■ CATHÉDRALE

Édifice religieux fondé au début du XVIIe siècle et consacré cathédrale en 1963. Il rend hommage à la Vierge de l'Assomption.

■ MUSEO HISTÓRICO DE LA REVOLUCIÓN

Face à la mer, un petit musée dans un bâtiment jaune consacré au héros révolutionnaire Venustiano Carranza, qui élut Veracruz pour y installer son gouvernement en exil. C'est ici que fut élaborée la Constitution mexicaine.

■ FORT SAN JUAN DE ULÚA

Les vestiges de la forteresse datent de l'époque comprise entre 1552 et 1779.

Ce lieu a servi de geôle sous Díaz pour des opposants ; de nombreux prisonniers y succombèrent de la fièvre jaune ou de la tuberculose. L'ironie du sort a voulu que ce même dictateur soit parti en exil sans toutefois goûter à l'une de ses trois oubliettes joliment surnommées le purgatoire, le paradis et l'enfer.

■ ACUARIO (AQUARIUM)

L'un des plus grands d'Amérique latine, affirment les responsables. On peut y admirer des centaines de poissons océaniques, ainsi que des tortues marines ou d'eau douce, des loutres et autres lamantins. C'est un aquarium qui a su allier esthétisme et curiosité. Le lieu compte bientôt un delphinarium.

■ PARQUE ECOLOGICO ADOLFO RUIZ CORTINEZ

Une compilation du récréatif et de l'éducatif, au milieu d'une flore luxuriante, dont la fameuse et très ancienne plante, sicadacea, qui pousse d'un centimètre tous les cinq ans.

Boca del Río

La ville connut des influences totomaques de 600 à 1 000, puis olmèques jusqu'en 1200 et mexicas jusqu'en 1474. Ces derniers la baptisent *Tlapaquiltán* qui veut dire « terre divisée ». Juan de Grijalva en 1518, juste un an avant l'arrivée de Hernán Cortes est le premier visiteur européen. Le chaleureux et naïf accueil des indigènes incita les Espagnols à nommer l'endroit « Río de Banderas » (fleuve des drapeaux). En effet, les autochtones agitèrent des tissus de couleur. C'est à l'endroit où se trouve maintenant l'église de Santa Ana, patronne de Boca, que la première messe catholique est alors officialisée.

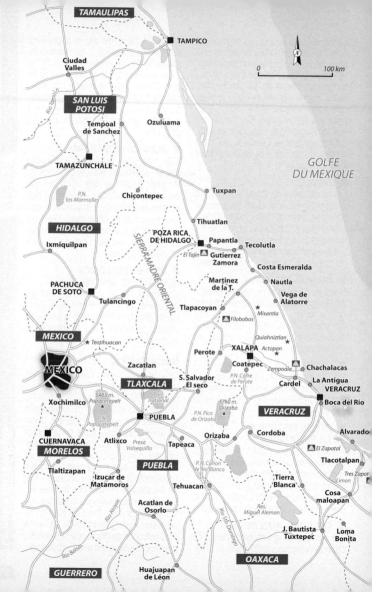

BAIE DE
CAMPÊCHE

CIUDAD
DEL CARMEN

Atasta

Laguna
de
Terminos

Frontera

P.N. Laguna
de Catemaco

lacotalpan

Los Tuxtlas

Catemaco

Coatzacoalcos

Acayucan

San Lorenzo
Tenochtitlán

VERACRUZ

Sanchez
Magallanes

Paraiso

TABASCO

Cardenas

MINATITLAN

VILLAHERMOSA

Jonuta

CAMPECHE

S. Pedro y Pablo

La Matillas

CHIAPAS

Palenque ★   Palenque

Aujourd'hui Boca del Río est une zone touristique de luxe de Veracruz. Elle doit son prestige à sa cuisine raffinée et à la fraîcheur de ses fruits de mer, ainsi qu'à ses 14 km de plage.

■ ZÓCALO DE BOCA DEL RÍO

Typique des traditionnels villages mexicains, le zócalo trouve en son centre un kiosque entouré d'arbres et de plantes. Idéal pour se reposer assis sur un banc... la statue de Don Benito Juárez comme gardien.

La Antigua

Ce village, situé à 30 km de Veracruz, a connu une intense activité économique au XVIe siècle. C'est dans cette région que Cortés fonda la première ville et la première église en Amérique ainsi que sa première municipalité. On peut encore y admirer les ruines de sa maison, construite en pierre et en coraux, entourés par une végétation luxuriante.

Quiahuiztlán

D'origine náhuatl, signifie « le lieu de la pluie ». Cette localité est considérée comme le premier emplacement ibérique en terres méso-américaines. Plus tard, une alliance politique entre les Européens et trente villages totonaques se concertent à Quiahuiztlán, un fait qui accéléra le processus de conquête des peuples des hauts plateaux. Les conquérants y édifièrent, à l'aide des Totonaques, une église fortifiée dont on peut encore voir quelques ruines « Villa Rica de la Veracruz ». Le Penon de Bernal est impressionnant.

Cempoala ou Zempoala

C'est à Cempoala que Cortés établit une alliance avec les Totonaques pour dérouter Moctezuma. Visite agréable de la zone archéologique, qui fut un important centre astronomique et mathématique de la culture Totonaque. Son origine remonte aux années 1200, la proximité du Rio Actopan incite alors à une activité de pêche et l'agriculture favorable au développement de la zone. Les faits historiques de 1519 sont capitaux pour Cempoala puisque ses habitants décident avec les Tlaxcaltecas de s'allier aux Espagnols pour mener une infanterie aux portes de Tenochtitlán en 1521.

Chachalacas

À 5 km de Úrsulo Galván, de très jolies plages, réputées pour leur propreté et des dunes qui donnent l'illusion d'un vaste désert.

Córdoba

C'est dans cette ville fondée en 1618 que se trouve le Portal de Zevallos où, le 24 août 1821, don Juan O'Doñoju et Agustín de Iturbide signèrent le traité de Córdoba, premier pas vers l'indépendance mexicaine. Petite ville très calme où le temps s'écoule en douceur.

Xalapa

Cette jolie ville de province aux rues escarpées, est la capitale de l'État, mais sa réputation est surtout culturelle. Leur orchestre symphonique est reconnu au niveau international. Les musées de la ville sont des lieux de rencontre avec les cultures d'origine indigènes qui ont peuplé la zone. La ville offre une splendide vue sur le Cofre de Perote, volcan enneigé situé dans le parc national du même nom qui culmine à 4 282 m d'altitude. Non loin, le Pico de Orizaba, le pic le plus haut du Mexique et le troisième d'Amérique du Nord.

■ MUSEO DE ANTROPOLOGÍA

Deuxième musée d'Anthropologie du Mexique par sa taille et la richesse de ses collections : plus de 29 000 pièces dont 2 500 sont exposées dans 18 galeries, 6 salles et 4 patios. De belles œuvres olmèques (les fameuses têtes géantes) et des céramiques. Cadre agréable, parc magnifique. Construit en 1986 par Edward Durell Stone, un architecte new-yorkais. Grand, beau, vraiment impressionnant !

■ JARDIN BOTANIQUE FRANCISCO JAVIER CLAVIJERO

Ce véritable musée vivant de la faune et de la flore abrite également quelques espèces exotiques en danger d'extinction. Lieu de rencontres et d'activités de détente, le parc aménagé autour d'un lac invite aux promenades.

■ PARC TECAJETES

Un des plus beaux parcs de la ville, à quelques pas du centre. Trois hectares dédiés à la conservation de la flore endémique et une belle fontaine avec son histoire.

Coatepec

La route qui s'y rend est magnifique. Pas seulement réputée pour ses monuments historiques, l'aromatique café est le symbole de la zone. Elle fait partie jusqu'au XVe siècle de la Triple Alliance des peuples indigènes, avant d'être réquisitionnée comme lieu de passage obligé des contingents espagnols qui doivent se rendre à Tenochtitlán. Le marché, le Palais municipal, la Paroisse de San Jeronimo, le Sanctuaire de Guadalupe, les haciendas de la Orduna et de Juan Bautista de Tuzampan, font partie de l'architecture coloniale, juste à côté des maisons aux mûrs blancs et aux toits de tejas de dos aguas. La gastronomie est également à découvrir, comme la soupe de pain, estouffade de poule et langoustines (de fleuves).

Catemaco et Los Tuxlas

Cette zone est réputée pour être 100 % écologique et... magique ! Dans la région de los Tuxtlas, Réserve de la Biosphère, vivent de nombreux guérisseurs et l'on y pratique la magie blanche et noire. Surnommée la Suisse veracruzana, pour ses riches contrastes, depuis le volcan San Martín jusqu'au paysage vierge de ses plages. Il y a plus de 270 espèces d'oiseaux, 97 de reptiles, 37 d'amphibiens et 100 de mammifères (ocelots, singe araignée, etc.) répertoriés dans la zone.

Nanciyaga

Il existe un parc écologique à 7 km au nord du lac de Catemaco. On y pratique le Temazcal.
C'est une cérémonie préhispanique qui nettoie le corps et l'âme. On place un groupe de personnes dans une sorte d'igloo en terre, au centre sont posées des pierres de rivière chauffées. Le chaman jette ensuite de l'eau qui se transforme en vapeur. Celle-ci nettoiera votre corps de toutes ses impuretés.

Papantla

Papantla ou « la ville qui parfume le monde ». La capitale mexicaine de la vanille offre tous les produits tirés de la gousse magique : sirops, liqueurs, glaces... À visiter de préférence début juin, lors de la célébration de Corpus Christi ou du festival Xanath : danses des voladores, des negritos et couronnement de la reine.

La petite ville, très provinciale, est construite autour du Zócalo. Une grande église surplombe la place centrale joliment aménagée.

■ EL TAJÍN

C'est la ville sacrée des morts et l'un des centres religieux les plus importants de la Méso-Amérique. Construit sur une période s'étendant entre 800 et 1150 après J.-C., d'une superficie de 105 555 m², le site comporte cent soixante-huit édifices et pas moins de dix-sept jeux de pelote.

Son monument principal est la pyramide de los Nichos, avec ses 375 niches qui correspondent vraisemblablement aux jours de l'année solaire. La plate-forme supérieure représente des dieux, des animaux sacrés et le paradis totonaque. La grande place de la pyramide de los Nichos accueillait, jusqu'à ces dernières années, la danse rituelle des hommes-oiseaux de Papantla. L'existence d'El Tajín est restée jalousement cachée par le peuple totonaque durant l'occupation espagnole jusqu'à ce qu'elle fût accidentellement découverte par Diego Ruiz en 1785.

Costa Esmeralda

Voilà deux lieux de vacances très prisés par les Mexicains : Esmeralda, avec ses trois hôtels et, plus au sud, Casitas, une belle plage de cocotiers. Depuis peu, l'Etat de Veracruz s'est mis en tête de promouvoir cette frange de terre qui borde le golfe du Mexique.

Tabasco (État de)

L'État possède 30 % de la totalité de l'eau douce du pays. Ses nombreuses rivières, lacs et cascades favorisent grandement la pratique de l'écotourisme.

Villahermosa

Capitale de l'État de Tabasco, cette ville chaude et humide mérite une escale.

© SYLVIE LIGON

Pyramide d'El Tajín à Papantla.

La danse des voladores...

D'origine préhispanique, la danse des voladores constitue sans doute l'une des cérémonies cosmiques les plus achevées et les plus symboliques qui soient. Cette danse, exécutée par des hommes-oiseaux, unique en son genre, serait à mettre en rapport avec la divinité de la végétation Xipe-Totec, dieu du Printemps.

On pense que c'est à l'époque aztèque que la musique est venue se substituer aux offrandes matérielles que les Huastèques avaient coutume de faire. A l'origine, cette fête ancestrale correspondait à l'équinoxe du printemps, le 21 mars, et au début de l'année astronomique.

©SYLVIE LIGON

■ CASA MUSEO CARLOS PELLICER CÁMARA

C'est la maison natale du poète de Tabasco, vous y verrez une collection de ses objets personnels.

■ CASA DE LOS AZULEJOS

C'est une très belle maison décorée de céramiques dont certaines proviennent d'Espagne. Elle est reconnaissable de l'extérieur avec sa façade bleue et ses sculptures. Celle du coin représente le dieu romain du Commerce et l'on peut voir des petites représentations de Cléopâtre peintes sur des mosaïques. Les sculptures et cet élément pictural présenteraient des analogies avec les membres de la famille du riche commerçant qui fit construire cette maison entre 1890 et 1915. Elle abrite le musée d'Histoire de Tabasco.

■ PARQUE MUSEO LA VENTA

Ce parc tropical offre l'occasion d'une très agréable et très intéressante visite. Il abrite les vestiges de la civilisation olmèque, dont les fameuses têtes géantes. Cette cité, fondée en 1500 avant J.-C., a rayonné entre 800 avant J.-C. et 200 de notre ère.

La découverte du pétrole et son exploitation menaçant la pérennité des vestiges, on procéda à l'aménagement d'un parc-musée pouvant les accueillir et essayant de reproduire le plus fidèlement possible le milieu naturel : pas de murs, une végétation luxuriante, quelques animaux en liberté…

■ MUSEO DE ANTROPOLOGÍA CARLOS PELLICER CÁMARA

Les cultures méso-américaines sont au 2e étage, les civilisations olmèque et maya au premier et des expos itinérantes se trouvant au rez-de-chaussée.

Dans les environs de Villahermosa

■ SITE ARCHÉOLOGIQUE

Comalcalco est un site maya qui fut sans doute lié à Palenque, après le déclin de la civilisation olmèque.

© S.NICOLAS - ICONOTEC

L'art pictural de la tombe de los Nueve Señores dans le temple V est similaire à l'art maya de Palenque. La particularité de ce site est l'utilisation de coquillages et de briques pour pallier le manque de pierres.

◼ PARAÍSO
C'est une petite plage bordée de cocotiers et de nombreux pélicans viennent y pêcher. On y mange dans des maisons de pêcheurs qui vous proposeront leur pêche du jour accom-pagnée d'une bière locale. À l'est, la lagune Mecoaca à seulement 5 km de Paraíso.

◼ LAGUNE LA MACHONA
Cette lagune, située à l'ouest de Paraiso est attenante au golfe. On y observe des oiseaux et il est possible de faire des promenades en bateau. Vous pouvez longer la côte et la lagune jusqu'à El Alacrán.

◼ CASCADE DE AGUA SELVA
La cascade se trouve près de Huiman-guillo au milieu d'une végétation exubérante, l'une des chutes est haute de 100 m.

◼ PENTANOS DE CENTLA
Il s'agit d'une grande Réserve de la Biosphère, traversée par la route qui va de Jonuta à Frontera, près de l'embouchure de la rivière Usumacinta. Sur cette dernière, on pratique des courses ainsi que de la descente de rivière. La réserve possède un écosystème très varié avec de nombreuses espèces animales.

© SYLVIE LIGON

Basse Californie

La péninsule a une surface de 144 000 km², elle est deux fois plus longue que la Floride et même un peu plus que l'Italie.

Baleines

Elles motivent le déplacement de nombreux voyageurs dans cette région, notamment au sud de la presqu'île. La meilleure période pour les observer se situe entre décembre et février. Quittant les eaux glacées du Pacifique nord, la baleine grise entame son long voyage jusqu'aux lagunes côtières de Basse Californie réalisant une migration de 9 000 km. Au retour, les femelles sont accompagnées de leur jeune progéniture. En effet, à sa naissance, le baleineau gris ne possède pas la couche de graisse qui lui servira plus tard de protection ; son développement requiert plusieurs semaines d'allaitement – un lait riche en graisses – avant de pouvoir résister à son premier long voyage jusqu'à la mer de Béring. La forte présence de la baleine grise dans la péninsule s'expliquerait aussi par le fait que les indigènes de cette région ne la pêchaient pas. Elle devait être appréciée par ces populations, à en juger par les peintures rupestres qui la représentent.

Les baleines grises se concentrent dans deux grandes aires : le complexe lagunaire du nord, désigné sous le nom de Reserva de la Biosfera del Vizcaino, qui comprend les lagunes côtières de Guerrero Negro, Ojo de Liebre et San Ignacio, et le complexe lagunaire du sud, qui comprend la baie Magdalena avec ses trois parties : Estero Matancitas, ou Lopez Mateos, Magdalena à proprement parler et Bahia Almejas.

Le Sud de la Basse Californie

La Sierra de San Francisco

Partie méridionale de la Basse Californie, constitue l'une des aires d'art rupestre les plus importantes du monde pour la quantité et la variété de ses peintures. Elles sont classées patrimoine mondial par l'Unesco depuis 1993. Les peintures rupestres sont le résultat d'une œuvre collective. On dénombre plus de sept cents sites avec des peintures rupestres, généralement des grottes peintes. Cet art, qui remonterait à 3000 avant J.-C., étonne par son ancienneté et par sa pérennité puisque cette tradition picturale se maintenait encore au XVIIe siècle, selon certains missionnaires espagnols. L'art rupestre de la Sierra de San Francisco, et de la partie centrale de la Basse Californie en général, s'exprime au moyen de deux techniques, la gravure ou la peinture sur roche.

La Paz

La Paz, objet d'une visite furtive de la part de Cortés, fut quasiment oubliée jusqu'en 1811, date du premier établissement européen dans la péninsule. Plus tard, la région fut occupée par les troupes américaines pendant la guerre avec le Mexique (1846-1848).

Un personnage très original, William Walker, y proclama « la république de Basse Californie » en 1853 ; il dut vite rebrousser chemin sous la pression mexicaine. Le déclin de la ville s'accentua davantage avec la révolution mexicaine de 1910. La Paz, capitale de Baja Califorina Sur, est une ville calme et agréable, dotée d'une magnifique baie. Les couchers de soleil y sont magnifiques.

■ COROMUEL

À 5 km au sud de la ville, Coromuel est la plage la plus réputée de la région pour ses eaux claires. Snorkeling, plongée, pêche, baignade, flânerie : telles sont les attractions de La Paz.

San José del Cabo

On nomme la région de San José del Cabo et de Cabo San Lucas, Los Cabos. Vous êtes sur la Costa de Oro.

Les quatre voies qui relient les deux villes offrent un accès à 17 plages. Dans les eaux, on trouve plus de 800 types de poissons, dont les fameux marlins qui peuvent mesurer jusqu'à 4 m. Très touristique, mais cependant plus tranquille que Cabo San Lucas, la petite ville ne manque cependant ni de charme ni de chaleur humaine.

■ PLAGES

Au sud du boulevard Mijares, Playa del Nuevo Sol et Playa de California. galement de nombreux bars, cafés et discothèques pour tutoyer la lune.

Cabo San Lucas

Les Américains ont baptisé la fin de la péninsule Land's End, son nom officiel est « El Arco » de Cabo San Lucas. C'est la destination touristique par excellence en Basse Californie. Au début des années 1990, c'était encore un paisible village de pêcheurs. À l'aube du troisième millénaire, c'est un des plus importants centres touristiques du pays.

López Mateos

Situé dans la partie nord de la Bahia de Magdalena, López Mateos dispose d'une jolie côte avec de larges estuaires entourés de mangroves, habitat privilégié de milliers d'oiseaux résidents et migrateurs. La baie étant moins large à cet endroit, López Mateos constitue un lieu idéal pour l'observation des baleines grises.

Loreto

La Madre de las Californias fut fondée en 1697 par le jésuite Juan María Salvatierra. C'est de cette première grande mission en nouvelle Espagne que s'étendit l'œuvre évangélisatrice. Loreto était le centre économique, politique et militaire des Californie jusqu'en 1829, année où le passage d'un ouragan obligea à transférer la capitale de l'État vers la ville de La Paz. L'église Nuestra Señora de Loreto possède quelques peintures du XVIIIe siècle et une cloche datant de 1743.

■ MISIÓN NUESTRA SEÑORA DE LORETO

Fondée en 1697 par le père Juan María Salvatierra. L'inscription : « *Tête et mère des missions de Basse et Haute Californie* », que l'on peut lire à l'entrée, témoigne du passé prestigieux de cette institution religieuse.

■ MUSEO DE LAS CALIFORNIAS OU DE LAS MISIONES

Il relate la conquête de la Basse Californie et expose quelques objets d'art religieux et militaire.

Mulegé

De Mulegé, on dit que c'est une oasis près de la mer. Ce joli petit village est situé entre deux collines, dans une vallée où coule un ruisselet qui se jette dans la mer. Il est bordé d'immenses palmiers, de vergers et de prés où s'entremêlent des bougainvilliers de toutes les couleurs. Le site fut découvert par le jésuite Juan Maria de Salvatierra qui y fit un premier voyage d'exploration en 1702. En 1705, fut fondée la mission Santa Rosalia de Mulegé. L'église fut achevée en 1766. Les premiers habitants de la région nous ont légué les peintures rupestres de la Sierra de San Borjita et les peintures et les pétroglyphes de la Trinidad.

■ PLAGE

À 2 km du village, un joli chemin mène à une belle plage de galets. Le chemin serpente à travers une palmeraie où l'eau douce de la rivière Boca del Río se mélange avec l'eau salée.

Santa Rosalia

Cette petite ville est intéressante par son passé français qui lui a légué une architecture européenne fin de siècle. Les principaux vestiges en sont le musée, le palais municipal, la société mutualiste et les maisons en bois d'anciens propriétaires qui exploitaient les mines de cuivre et de cobalt.

Paysage près de Santa Rosalia.

En 1868, des gisements de cuivre sont découverts dans la région. Les Français arrivent en 1885 avec la compagnie El Bolero S.A. Cette installation de la compagnie minière française donne naissance à Santa Rosalia. En 1954 les Français la considèrent comme épuisée et se retirent. Un exode important s'ensuit et c'est le gouvernement mexicain qui, en 1957, impulse à nouveau une exploitation qui se terminera avec ses dernières réserves en 1972.

■ ÉGLISE SANTA BARBARA DE SANTA ROSALIA

Fleuron de Santa Rosalia, cette petite église grise, dotée de quelques beaux vitraux, a une histoire peu banale. Du temps où toute la ville vivait de la production minière, il devint nécessaire de bâtir une église pour les 8 000 personnes travaillant pour le compte des Français, alors propriétaires des mines.

Usine à Santa Rosalia.

La compagnie des mines El Bolero a alors commandé à la métallurgie française une église en fer, démontable, transportable et d'un prix inférieur à celui qu'aurait exigé une construction en dur. Dessinée par Gustave Eiffel lui-même, en 1884, construite en 1887, cette église fut exposée à Paris, en 1889, avec la tour Eiffel. Démontée et transportée à Santa Rosalía, elle y fut installée entre 1895 et 1897.

Reserva Biosfera el Vizcaino

La réserve, créée en 1988, protège et conserve la flore, la faune et l'éco-système du désert côtier. Les lagunes d'Ojo de Liebre et San Ignacio sont des sanctuaires pour les oiseaux migrateurs et les baleines grises, protégées depuis 1972. Le désert d'El Vizcaino joue un rôle de barrière biogéographique pour les espèces migrantes du nord vers le sud et vice-versa. On estime au nombre de 308 les différentes espèces d'animaux terrestres et marins (poissons non compris).

Le Nord de la Basse Californie

Tijuana

Ville située sur la frontière nord entre les deux Californie, elle fait partie de la grande métropole San Diego-Tijuana, à cheval sur la frontière américano-mexicaine et qui compte 5,1 millions d'habitants. Surnommée « la fenêtre du Mexique », cette première ville frontière connaît une incessante agitation (tourisme, mouvements migratoires, vie nocturne…). La ville n'a ni une bonne image ni une bonne réputation, c'est le moins que l'on puisse dire. Drogue, jeux et prostitution sont monnaies courantes et du fait de la proximité de Los Angeles, les week-ends y sont plutôt chauds, voire torrides.

■ CENTRO CULTURAL TIJUANA

C'est pour renforcer l'identité mexicaine des populations vivant à la frontière du grand voisin que le gouvernement fédéral a décidé la construction de cet édifice moderne.

Ensenada

Deuxième ville de l'État de Basse Californie Nord et station balnéaire, son essor fut lié à la prohibition américaine qui, dans les années 1920, y avait fait affluer nombre d'Américains. Ces derniers y importèrent quelques activités interdites chez eux. Aujourd'hui, la ville accueille quelques manifestations sportives renommées comme la régate Newport-Ensenada, les courses hors-piste Baja 1000 et Baja 500, et favorise la pratique du surf, de la plongée et de la voile. La Bahia de Todos Los Santos a des eaux très poissonneuses et offre de fort belles plages.

■ MUSEO

C'est l'édifice public le plus ancien de la ville. Fondé par les Américains en 1886, il passa entre les mains des Anglais avant d'être récupéré par les Mexicains en 1922.

■ GALERIAH

Galerie chic qui présente les grands noms des arts plastiques du pays, principalement des artistes d'Oaxaca (Abelardo Lopez, Alejandra Villegas, Amador Montes, Enrique Flores, Francisco Toledo, etc.), de la Basse Californie (Alejandra Phelts de Mexicali, Alejandro Martínez-Peña de Tijuana et Alfonso Arámbula, un local). Quelques œuvres internationales également.

■ BUFARADORA

À 35 km au sud d'Ensenada, sur le promontoire rocheux de Punta Banda, la Bufaradora est l'un des trois geysers marins connus dans le monde (un autre se trouve à Hawaï, un autre encore sur les côtes orientales africaines). À marée haute, l'eau s'élève en un jet qui atteint parfois 20 m de hauteur. On peut aussi observer ce spectacle naturel de nuit.

San Felipe

San Felipe attire de nombreux touristes américains en raison de ses nombreuses plages.
Deux attractions sont ici à signaler. Il y a les eaux thermales de Puertecitos réputées curatives, à 75 km au sud. Et il ne faut pas manquer la vallée des Géants (El Valle de los Gigantes), peuplée de centaines de hauts et vieux sahuaros, des arbres spécifiques de la région.

© VINCENT LEROUC - AUTHOR'S IMAGE

El Mundo maya

El Mundo maya (ou les Terres mayas) au Mexique comprend les Etats du Chiapas et toute la péninsule du Yucatán.

Chiapas (État du)

C'est un Etat d'une extrême variété sur les plans géographique et culturel. En son centre, San Cristóbal de Las Casas est une charmante ville de montagne (2 220 m d'altitude), entourée par de nombreux villages indiens hauts en couleur.

San Cristóbal de Las Casas

San Cristóbal était une importante ville précolombienne quand elle fut

Marché de San Cristóbal de Las Casas.

conquise en 1528 par les Espagnols avec à leur tête Diego de Mazariesgos. Ce fut ensuite la capitale coloniale de l'Etat de Chiapas. Jusqu'en 1824, on considérait qu'elle faisait partie du Guatemala. La présence de nombreux Indiens mayas de la sierra donne son originalité à la ville. L'une des principales caractéristiques de San Cristóbal est d'être entourée de villages éparpillés à 3 000 m d'altitude dans les montagnes et au creux des vallées. Le paysage autour de San Cristóbal rappelle celui du Népal. Les Altos de Chiapas (Les Hauts de Chiapas) sont la région la plus densément peuplée du Mexique. Les Tzotziles et les Tzeltales sont les deux principales tribus de la région.

■ TEMPLO SANTO DOMINGO

C'est indéniablement la plus belle église de la ville. Elle fut construite,

L'Armée Zapatiste de libération nationale

Depuis 1994, le Chiapas est secoué par un mouvement de révolte populaire et une guérilla conduite par le sous-commandant Marcos. Ce mouvement bénéficie d'un grand soutien international, mais aussi de l'appui de l'opinion publique mexicaine. Les rebelles se sont réfugiés dans la jungle Lacandón après avoir réussi à attirer l'attention de l'opinion internationale sur la situation catastrophique du Chiapas où l'enrichissement d'une minorité a conduit à l'extrême appauvrissement des populations indigènes.

avec le monastère qui lui est adjacent, entre 1547 et 1560. La façade baroque est un ajout du XVIIe siècle. L'intérieur présente de nombreuses ornementations dorées.

■ MUSEO DE LA CIUDAD
Ce musée d'archéologie, d'ethnographie, d'histoire et d'art, retrace l'histoire de San Cristóbal.

■ TEMPLO DEL CARMEN ET BELLAS ARTES
Fondée à la fin du XVIe siècle, elle est flanquée d'une tour datant de la fin du XVIIe siècle. Juste à côté, se trouve la Casa de Cultura qui comprend une galerie d'art, une bibliothèque et un auditorium. L'Arche del Carmen se trouve sur la rue Miguel Hidalgo.

■ SAN BARTOLOMEO
Le marché le plus intéressant se tient autour de l'église de San Bartolomeo. Entrez dans la coopérative d'artisanat : vous y verrez les meilleurs articles. Vous ne trouverez rien de plus beau ni de moins cher dans les villages.

Chamula
Le village est connu pour sa résistance opiniâtre aux Espagnols, au clergé catholique et aux autorités extérieures à la commune. Les Chamuliens ont leurs propres structures et ils observent les rites à eux. Ils adorent le soleil et croient que le Christ mort est devenu une partie de l'astre solaire. Leur culte consiste notamment en l'ingestion d'un alcool extrêmement fort, le posh, qu'ils distillent eux-mêmes. La sensation de chaleur qu'ils éprouvent en ingurgitant ce breuvage leur rappelle le soleil.

■ ÉGLISE
L'intérieur de l'église est caractéristique des lieux de culte contrôlés par les Indiens. La disposition habituelle des bancs a été remplacée par un espace libre. Les Chamuliens observent leur culte par petits groupes, auprès d'autels soit déjà établis, soit spontanément créés.

■ LE MARCHÉ DE CHAMULA
Derrière la mairie, il s'étend dans l'une des rues menant à la sortie de la ville.

La cathédrale de San Cristóbal de Las Casas.

Les terres mayas

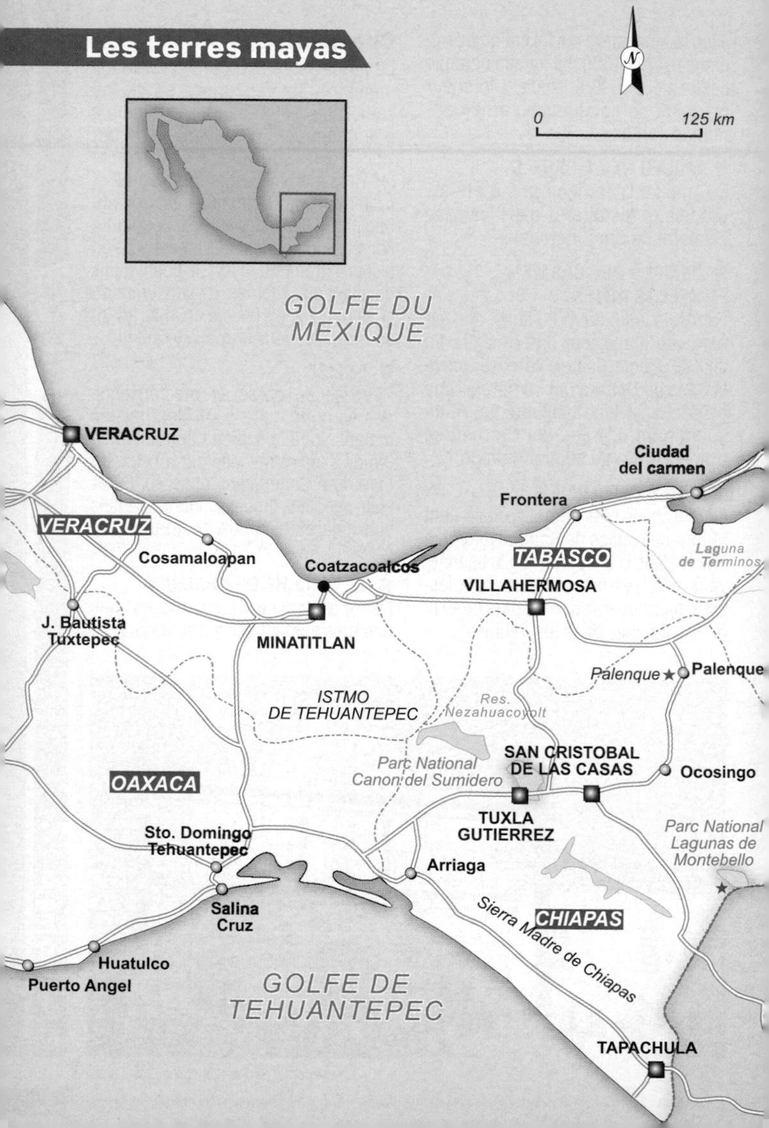

0   125 km

GOLFE DU MEXIQUE

☐ **VERACRUZ**

Ciudad del carmen

Frontera

VERACRUZ

Cosamaloapan

Coatzacoalcos

TABASCO

VILLAHERMOSA

Laguna de Terminos

J. Bautista Tuxtepec

MINATITLAN

Palenque ★ ○ Palenque

ISTMO DE TEHUANTEPEC

Res. Nezahuacoyolt

OAXACA

Parc National Canon del Sumidero

SAN CRISTOBAL DE LAS CASAS

○ Ocosingo

Sto. Domingo Tehuantepec

TUXLA GUTIERREZ

Parc National Lagunas de Montebello

Salina Cruz

Arriaga

Sierra Madre de Chiapas

CHIAPAS

Huatulco Puerto Angel

GOLFE DE TEHUANTEPEC

TAPACHULA

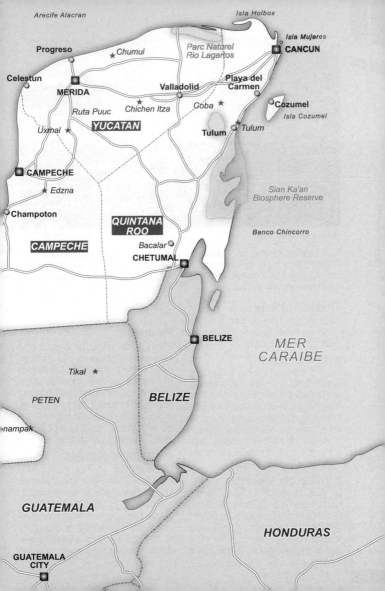

Marché et église de Chamula.

Vous pourriez avoir envie d'acheter à Chamula les chapeaux traditionnels aux rubans multicolores : ils sont superbes, bien qu'onéreux.

Tuxtla Gutiérrez

Capitale du Chiapas, Tuxtla mérite qu'on s'y rende pour la journée, au départ de San Cristóbal.

■ LE PARC MADÉRO

Ce parc est merveilleux. Il regroupe des théâtres, un parc d'attractions, des jardins, une piscine et surtout, le Museo Regional de Chiapas. Ce musée expose de nombreux objets d'intérêt archéologique ou ethnographique provenant de l'Ítat de Chiapas, dont certains feraient honneur au musée d'Anthropologie de Mexico.

■ CAÑON DEL SUMIDERO

En 1528, la bataille de Tepechtia est restée tristement célèbre : plutôt que de se rendre aux Espagnols, les Indiens chiapanecos ont préféré se jeter dans le cañon del Sumidero. C'est ici, à quelques kilomètres de Tuxtla, que le Mexique a construit un des plus grands barrages du monde sur le río Grijalva. Résultat : le cañon a été inondé sur une étendue de 40 km. Le meilleur moyen de voir Sumidero est incontestablement le bateau.

Palenque

Situé près de l'un des plus importants sites archéologiques de la civilisation maya en Méso-Amérique. Les ruines de Palenque sont très appréciées pour la noblesse de ses constructions érigées en l'honneur de rois mayas et pour son emplacement : Palenque se trouve au cœur de la jungle et bénéficie d'une ambiance particulière.

■ SITE ARCHÉOLOGIQUE DE PALENQUE

Palenque a été ainsi nommée par les Espagnols parce que les murs des collines qui entourent le site lui donnent une apparence de forteresse. La cité, bâtie par les Mayas entre 500 et 800 après J.-C., était destinée à des cérémonies religieuses.

Palenque est connue pour la perfection de son architecture et pour son site entouré par la jungle. La renommée culturelle de Palenque fut à son zénith durant la période dite du « vieil Empire », à l'époque classique, sous la domination du roi Pakal.

■ EL PALACIO

Le palais est le monument central de Palenque. Les familles royales ainsi que les prêtres devaient vivre dans cette construction fonctionnelle aux divers patios. La tour semble être un observatoire : sa construction est étonnante pour la période préhispanique.

■ EL TEMPLO DE LAS INSCRIPCIONES

Le temple des Inscriptions est la pyramide la plus haute du site avec ses 23 m de hauteur. En 1949, l'archéologue mexicain Alberto Ruz Lhuillier explora pour la première fois l'intérieur du temple des Inscriptions.

© CALI - ICONOTEC

Palenque.

En 1952, il mit au jour la tombe du roi Pakal avec sa célèbre dalle mortuaire de 3,74 m sur 2,43 m (!). Le squelette paré de bijoux et le masque de jade du roi sont désormais exposés au musée d'Anthropologie de Mexico.

■ GRUPO DE LAS CRUCES

À la mort de Pakal, son fils Chan Bahlum accéda au trône et acheva le temple des Inscriptions puis fit construire le Groupe des Croix afin de glorifier son lien avec les dieux, comme l'avait fait Pakal avec le temple des Inscriptions. Ce groupe est constitué du Templo de la Cruz, du Templo de la Cruz Foliada et du Templo del Sol. Ils forment un triangle parfait. Les parties supérieures des temples, qui ressemblent à la dentelle, permettaient sans doute aux prêtres de communiquer avec leurs dieux.

Les environs de Palenque

Misol-Há et Agua Azul

Misol-Há est une unique et longue chute d'eau qui s'écrase dans une piscine d'eau claire, un bijou turquoise dans l'écrin à dominante verte de la jungle. Agua Azul est constituée d'une série de chutes d'eau dont la configuration variée se prolonge sur une certaine distance. En bas des chutes, il y a un endroit qui invite à nager et une corde permet de se balancer au-dessus de l'eau.

Bonampak

Découvert en 1946 par Thomson en convainquant un indigène de lui montrer un endroit secret. Il fut stupéfait par la découverte de fresques guerrières mayas alors que jusqu'à présent, les anthropologues pensaient que les Mayas étaient pacifiques et qu'ils se dédiaient à l'astrologie et au temps.

Yaxchilán

Yaxchilán, la cité voisine de Bonanpak, correspond à la période classique (de 300 à 900 après J.-C.). Elle est située dans un méandre de roche calcaire sur la rive du fleuve Usumacinta. Le site conserve plus de 80 édifices dont seulement 50 ont été explorés et restaurés, mais aussi beaucoup de stèles, autels, escaliers et hiéroglyphiques qui renferment de précieuses informations concernant l'histoire de la dynastie de Yaxchilán. Ses constructions les plus remarquables sont la Grand-Place, la grande et la petite acropole à côté de plusieurs ensembles de moindre importance et de complexes de logements.

L'architecture de Yaxchilán est de style Usumacinta qui se caractérise par les corbeilles ajourées, les contreforts et les linteaux remarquablement façonnés.

Toniná

Toniná, « la maison de pierre » ou « le lieu où se lèvent les sculptures en pierre en l'honneur du temps », en tzeltal, est un très beau site maya. Il offre une vue panoramique sur la vallée et possède de belles fresques en pierre dont la fameuse « *Mort qui tient dans la main une tête maya coupée* ». C'est le mur des Quatre ères qui représente la danse de l'inframonde exécutée par le dieu de la Mort. Toniná est isolée des autres sites mayas et on le remarque dans son architecture. C'était sans doute le centre de pouvoir d'une tribu maya isolée des autres. La pièce du gouverneur de la cité possède de nombreux glyphes relatant sa vie et ses réalisations. La cité a dû être un centre de pouvoir militaire car de nombreux militaires et prisonniers sont admirablement représentés

(temple V). Il y a environ 260 marches pour accéder à la Grande Place où se trouvent les temples II et V.

Tonala

Au sud-ouest de San Cristóbal, cette ville côtière n'est en fait qu'une escale vers des plages aux noms enchanteurs : Playa del Sol (plage du Soleil) ou Boca del Cielo (La Bouche du Ciel). En nahuatl, Tónala signifie l'endroit où il fait chaud. Dans le Parque Esperanza, au centre de la ville, se trouve la stèle de Tlaloc qui provient de la zone archéologique de Horcones.

■ LAGUNAS DE MONTEBELLO

Les lagunes de Montebello sont au nombre de 69 au total, toutes retournées. Cinq d'entre elles sont accessibles et aménagées. Toutes ont une couleur différente avec des teintes de bleu turquoise variant suivant la lumière et le type de fond.

Campeche (État de)

Campeche

La ville de Campeche, capitale de l'État du même nom, fut fondée en 1540 par Francisco Montejo. Mais aux XVIe et XVIIe siècles, les attaques constantes des pirates obligèrent les Espagnols à édifier une muraille autour de la ville. La construction commença en 1685 et s'acheva en 1710. Bien qu'elle fût partiellement détruite pour agrandir la ville, on visualise très bien son tracé entre les huit bastions appelés baluartes en espagnol. Autre particularité de la ville : ses belles maisons aux couleurs pastel ornées de grandes fenêtres typiques de Campeche et sa magnifique cathédrale blanchâtre qui se détache merveilleusement du ciel d'un bleu profond, en fin d'après-midi. À Campeche, la luminosité est très belle et vous observerez sans doute de spectaculaires couchers de soleil. La ville est inscrite au patrimoine de l'Humanité.

■ LE BALUARTE DE SANTIAGO
Enserre le jardin botanique qui compte plus de 250 espèces de plantes tropicales.

■ LE BALUARTE DE LA SOLEDAD
Renferme le musée de Stèles mayas.

■ LE BALUARTE DE SAN PEDRO
Il prête ses murs à l'Exposition permanente d'artisanat. À l'époque où les remparts tenaient debout, des portes permettaient la circulation de personnes ou de marchandises. Vous pouvez encore voir la Puerta del Mar, dont l'ouverture donne sur la mer et la Puerta de la Tierra sur les terres.

■ EDZNÁ
Le très beau site d'Edzná est à 30 km au sud-est de Campeche où les ruines s'éparpillent sur plus de 2 km.

Site d'Edzná à Campeche.

Cette cité maya fut d'une grande importance durant le préclassique tardif. La structure majeure : l'Acropolis de 5 étages est de style Puuc.

Réserve de la Biosphère de Calakmul
Avec ses 600 000 hectares, la réserve représente 13 % du territoire total de l'État de Campeche. C'est la plus grande réserve ou parc du Mexique (équivalent à un département français). Au milieu de 800 espèces de plantes et de fleurs, vous pourrez apercevoir des singes, des jaguars, des cerfs, des pumas, auxquels se mêlent insectes et serpents en tout genre. La zone archéologique de Calakmul quant à elle, couvre 60 km² et dissimule 6 000 structures architecturales mayas au cœur de la jungle.

Yucatan (État du)
Quand les premiers Espagnols arrivèrent sur la côte des Terres mayas, ils demandèrent comment s'appelait ce pays.
Les Indiens répondaient invariablement *Yucatán* qui signifiait « Je ne sais pas, je ne comprends pas ». Dans la méprise, comme personne ne se comprenait, les Espagnols baptisèrent cette terre Yucatán.

Mérida
Mérida, la capitale commerciale de la péninsule, est une ville vivante et un bon point de départ pour visiter la péninsule. À 15 min au nord, la plage de Progreso, dans le golfe du Mexique, à l'ouest, la réserve de flamants roses de Celestún et au sud la route Puuc avec de nombreux sites archéologiques mayas de style Puuc dont le fameux site d'Uxmal.

VISITE

El Mundo maya

Écoutez bien le parler yucateco qui est chantant et lent, il est très différent du parler de la capitale.

■ LE MONUMENT À LA MERE-PATRIE

Cette œuvre du sculpteur colombien Romulo Rozo est conçue dans un style pseudo-maya revu et corrigé Art déco – juste retour des choses, puisque l'Art déco mexicain a été influencé par l'art maya.

■ PLAZA DE LA INDEPENDENCIA

C'était le centre de la cité maya de T'ho. La cathédrale (1561-1598) et la casa Montejo (1549) ont été édifiées avec les pierres des temples mayas qui se trouvaient sur le site. Les deux autres flancs de la Plaza sont occupés par le Palacio municipal (hôtel de ville, 1542, reconstruit en 1850) et le Palacio del Gobierno. Les fresques qui ornent les murs du palais du Gouvernement, et particulièrement celle du Salón de Historia, sont remarquables : elles n'ont pas été exécutées dans le style héroïque de Diego Rivera et de ses émules, mais dans un style plus contemporain, presque abstrait, par Fernando Castro Pacheco, un peintre du cru.

■ LA PLAZA MAYOR

Cette place est bordée par de grands lauriers, à l'origine destinés à La Havane, mais qu'un naufrage fit échouer ici. Dans la journée, leur ombre fraîche tombe sur les confidenciales – ces causeuses de pierre où les couples peuvent s'asseoir face à face – et la nuit, ils dissimulent les amoureux. L'odeur des fleurs imprègne l'air. Le soir, hommes et femmes déambulent lentement autour du square, alors que des guitaristes vêtus de blanc attendent sur une chaise qu'on loue leurs services pour entonner une sérénade ou égayer une noce ou une fête. Tous les dimanches, la circulation s'arrête et le centre de Mérida n'est alors accessible qu'aux piétons. C'est une grande fête hebdomadaire, avec débauche de victuailles et de divertissements.

■ MUSEO REGIONAL DE ANTROPOLOGIA DU YUCATAN

Le musée est situé dans une villa typique de la fin du XIXe siècle bâtie par le général Cantón en 1909-1911. La collection comprend une exposition qui ne vous épargne aucun détail sur les automutilations pratiquées par les Mayas pour atteindre leur idéal de beauté.

■ CASA DE LAS ARTESANIAS

La boutique d'artisanat de l'État. Nous vous conseillons vivement d'aller voir les articles dans la casa de las Artesanias afin de vous familiariser avec les prix et les produits avant d'aller voir ailleurs. Les vendeurs ne sont pas là pour vous forcer la main et vous pourrez leur demander conseil en toute quiétude. Leurs hamacs subissent de bons contrôles qualité et ils connaissent leurs fournisseurs.

DZIBILCHALTUN

Dzibilchaltun (« l'endroit où les pierres plates portent des inscriptions ») a longtemps été considéré comme un site archéologique secondaire, sans doute établi au cours de la période classique tardive et abandonné à l'époque de la conquête. Ce n'est que récemment que l'on a découvert la présence de vestiges de première importance, s'étendant sur une superficie de 50 km² et remontant de 1500 à 600 ans avant J.-C. Ceci en fait le site archéologique le plus vaste et le plus ancien du continent américain, celui qui a été le plus continûment occupé par les hommes. Plusieurs stèles ont permis d'identifier qu'une culture maya indépendante s'était développée ici, mais pour l'instant elles posent davantage de questions qu'elles n'en résolvent. Le temple des Sept Poupées est atypique : cette structure carrée compte deux fenêtres, les premières qu'on ait trouvées dans l'architecture maya. La crête sur le toit est également atypique. Le temple est ainsi nommé à cause des sept figurines de terre cuite qu'on a retrouvées. L'autre caractéristique intéressante du site est le cenote de Xlach (« vieille ville »), qui mesure 30 m de largeur et 150 m de profondeur par endroits.

CHICXULUB

Ce pourrait être le site historique, ou plutôt préhistorique, le plus important de la planète. Les scientifiques estiment aujourd'hui qu'ici se situe le point d'impact de la grande comète qui s'écrasa sur la terre il y a 65 millions d'années, provoquant l'extinction des dinosaures et la fin de l'ère du crétacé.

PROGRESO

Progreso est à la fois le port et la plage de Mérida. Tous les week-ends, la population de Mérida se précipite en masse vers cette station balnéaire. L'eau, d'un vert irréel, se teinte de toute une gamme d'azur lorsque le sable est troublé par la rencontre des eaux de la mer des Caraïbes et du golfe du Mexique. Au large de Progreso, à 30 km des côtes se dressent les magnifiques récifs semi-désertiques Alacranes, recommandés pour la plongée.

LAGUNA ROSADA

La Laguna Rosada est une lagune très fréquentée par les flamants roses. Ils sont ici d'un rose très marqué, lié à leur nourriture (petites crevettes peuplant la lagune). À côté, un petit site archéologique Xcambo.

YULCATEPEN

Yulcatepen devient de plus en plus la plage d'élection de Mérida.

Celestún

Sanctuaire ornithologique et parc national. Certains jurent que les plages de Celestún sont les plus belles. On peut louer des bateaux pour visiter le sanctuaire et y admirer ses habitants : flamants roses, canards, hérons…

Hamacs

Le Yucatán est célèbre pour ses hamacs fabriqués dans les villages d'un bout à l'autre de la péninsule. Tissés à l'origine avec de la fibre de henequén et de la soie, ils sont aujourd'hui composés de coton, de nylon ou de textiles mélangés. Mérida offre sans conteste le choix le plus large au meilleur prix. Le village le plus célèbre pour ses hamacs est Tixkokob, où se trouvent plusieurs fabriques.

Flamants roses à Celestún.

Maní

Après Ticul, se trouve Maní, le centre du pouvoir maya après la chute de Mayapán. C'est ici que l'évêque Diego de Landa a brûlé presque tous les codex mayas connus existant à l'époque.

Grottes de Loltún

Ces grottes abritaient le peuple maya, il y a 2 500 ans. Elles furent utilisées au cours de la guerre des Castes par des Mayas fuyant les blancs et les mestizos.

La Ruta Puuc

Le Yucatán est uniformément plat, à l'exception des collines Puuc au sud de Mérida, l'un des centres de la civilisation maya qui a donné son nom à un style architectural très répandu. Les villes de la région étaient reliées par un réseau complexe de larges routes appelées sacbe, ou voies sacrées. Ces routes étaient faites de calcaire blanc broyé et revêtues d'une sorte de ciment. Tout le Yucatán était quadrillé par ces routes.

Uxmal

Uxmal exerça son pouvoir durant quatre siècles, de 600 à 1000 après J.-C. On reconnaît le style Puuc aux pierres taillées en forme de mosaïque et aux motifs géométriques. En entrant, on est tout de suite frappé par le temple du Magicien, une pyramide haute de 40 m construite sur une base ovale. Les marches des temples se gravissent toujours en diagonale : pour ne jamais faire face au dieu ni lui tourner le dos. Le palais du Gouverneur est sans aucun doute le chef-d'œuvre architectural d'Uxmal, avec ses riches façades longues de 100 m. Uxmal est l'une des destinations archéologiques les plus populaires du Yucatán et de tout le Mexique, d'ailleurs le site fut inclus dans la liste des monuments protégés par l'Unesco en 1996.

Kabah

Le palais des Masques est ainsi nommé parce que la longue façade est ornée de plus de trois cents têtes sculptées représentant le dieu de la

Pluie Chac. Le nom maya de l'édifice est Codz-Pop, ce qui se traduit assez énigmatiquement par « tapis enroulé ». Lorsque le temple en ruine apparaîtra brusquement entre les lianes, vous aurez l'impression d'être un explorateur archéologue du XIXe siècle découvrant une fabuleuse cité perdue au cœur de la jungle. De l'autre côté de la route, un édifice imposant, le Grand Temple. Un peu plus loin, les ruines d'une arche solitaire marquent le chemin d'un sacbe (voie sacrée) reliant Uxmal au nord, à Labná au sud. La scène est délicieusement évocatrice.

Sayil

Une promenade dans la forêt vous conduit à El Mirador, avec son toit en crête. Un peu plus loin se dresse une statue phallique assez amusante. Le terrain de pelote se trouve à 1 500 m à l'est. Le Palacio constitue l'attrait principal : vers le nord, vous pouvez voir les grottes des collines environnantes et rêver aux nombreux secrets que recèle encore le pays maya.

Labná

Labná doit sa renommée aux restes richement ornés d'une arche aux proportions agréables.
L'édifice principal est situé en face de l'arche et on y accède par un pan de sacbe récemment restauré. Près de l'arche se trouve une pyramide mirador escarpée, d'où l'on domine le paysage.

Izamal

Izamal est une ville peinte en orange. S'il est un endroit au monde qui illustre l'affrontement entre les cultures maya et espagnole, c'est bien Izamal. Izamal, le « lieu des collines », fut fondé par le dieu céleste Itzamna.
Son corps se divisa en trois et chacune des parties fut enterrée sous l'une des trois collines de la ville. Sur chacune d'entre elles, furent élevés des temples, dont le plus important était dédié au dieu-soleil Kinich-Kakmo (« l'oiseau de soleil au visage flamboyant »). Izamal devint un important centre de pèlerinage.

Pyramide du Devin à Uxmal.

Détail du couvent de San Antonio de Padua à Izamal.

Lorsque les Espagnols conquirent la ville, vers 1540, ils abattirent le temple de Popul-Chac pour édifier le couvent de San Antonio de Padua (1553-1561) qui passe pour posséder le plus grand atrium du monde après celui de Saint-Pierre de Rome. La structure, peinte en ocre, compte soixante-quinze arcades. À l'est, sur la colline voisine, l'imposante pyramide du temple de Kinich-Kakmo.

Mayapán

Mayapán fut le centre du pouvoir maya du Yucatán durant deux siècles, jusqu'en 1450, année où la ville perdit une guerre contre Uxmal. D'une superficie de 6,5 km², la cité comptait quelque 3 500 édifices et 12 000 habitants. La civilisation de Mayapán semble être presque identique à celle de Chichén Itzá.

Valladolid

Valladolid est une petite ville qui a su préserver son aspect colonial et sa douceur de vivre. La majorité des habitants a conservé la tenue vestimentaire traditionnelle de la péninsule du Yucatán et les maisons qui bordent le Zócalo sont de couleurs pastel. C'est également un haut lieu de l'histoire mexicaine, car c'est ici que débuta la guerre des Castes en 1849. On parle de première étincelle (chispa en espagnol) de la révolution mexicaine : c'est à Valladolid, le 4 juin 1910 que la révolution a commencé avec la prise de la ville par les rebelles. Sa Plaza offre une ambiance très proche de celle qu'offrait la place de Mérida avant sa modernisation.

■ DZITNUP

Ici se trouve un cenote couvert. Une ouverture laisse pénétrer un flux de lumière entre les stalactites et il est possible de s'y baigner.

■ COBÁ

Jadis, cette cité comptait 6 500 édifices qui couvraient une superficie de 10 km². Ce site est intéressant pour sa « virginité » et pour la hauteur de la pyramide principale.

■ EL GRAN CENOTE

Ce cenote est le plus beau et on s'y baigne dans une eau incroyablement pure, un superbe puits naturel.

■ RÍO LAGARTOS

La réserve ornithologique de Río Lagartos est une excursion d'un peu plus d'une journée. Elle fut déclarée refuge de faune sylvestre par le gouvernement mexicain.

Chichén Itzá

Chichén Itzá est une cité maya située sur la route entre Mérida et Valladolid. C'est vers l'an 1000 que Acatl Topiltzin Quetzalcóatl, gouverneur de Tula, une des cités les plus influentes de Méso-Amérique, vint dans la péninsule du Yucatán. Pour avoir un meilleur contrôle politique de la région, une alliance a été créée entre les villes de Chichén Itzá, Uxmal et Mayapán. Cette alliance, appelée Ligue de Mayapán, a permis d'assurer la prospérité du Yucatán. Chichén Itza est donc un mélange de cultures maya et toltèque. Les Itzaes avaient beaucoup d'idées novatrices à propos des concepts politiques et religieux. Ces concepts se sont manifestés dans l'architecture et dans l'art, tout en gardant une relation avec les idées locales et le style artistique des Mayas.

■ EL CASTILLO

Le château, est le temple principal de Chichén et de loin le mieux restauré. Il est en relation avec le cycle solaire annuel de 365 jours : chaque versant de la pyramide compte 91 marches, ce qui fait donc 364 marches. En y ajoutant celle de l'entrée du temple, on obtient 365 jours.

Un phénomène extraordinaire arrive à chaque équinoxe : les rayons du soleil viennent éclairer les bords anguleux de la pyramide et font apparaître des corps de serpents qui dévalent le temple tout le long. Au pied du Castillo, face nord, deux têtes de serpent terminent leur corps. Cela montre que les Itzaes avaient une connaissance très approfondie des cycles solaires, entre autres. L'observatoire El Caracol, de construction semblable aux observatoires actuels avec son dôme, est également un témoignage de ce savoir.

■ LA PYRAMIDE KUKULCÁN

Elle est constituée de deux temples. L'intérieur est un temple à deux pièces où se trouvent au premier plan un Chac-Mool et dans le fond un jaguar rouge orné de morceaux de jade. Le Chac-Mool est le symbole de la communication entre les hommes et les dieux : son ventre servait à poser des offrandes issues de sacrifices humains, le cœur par exemple.

© AUTHOR'S IMAGE

El Castillo, Chichén Itzá.

Observatoire El Caracol, Chichén Itzá.

Le Jaguar est représentatif des guerriers. Au sud, le temple des Guerriers et le Groupe des Milles Colonnes leur est dédié.

■ EL JUEGO DE PELOTA
Le jeu de balle de Chichén Itzá est le plus grand de toute la Méso-Amérique. Il est en forme de « I » et possède de très hauts murs surmontés de gradins. Aux deux extrémités, il existe des tribunes pour les hauts dignitaires de la cité maya. Les jeux étaient sacrés : ils étaient organisés pour implorer les dieux (celui de la Pluie pour les récoltes par exemple). Le jeu consiste à faire passer une balle en caoutchouc dans un anneau fixé sur le mur du jeu de balle. Les deux équipes de 7 joueurs devaient marquer un certain nombre de points pour gagner en utilisant uniquement leurs hanches ou leurs coudes. C'est grâce aux fresques retrouvées à Chichén Itzá et dans d'autres sites que l'on connaît mieux les règles.

■ EL CENOTE SAGRADO
Le cenote sacré est un lieu d'offrandes important à Chichén Itzá : on y jetait des objets ainsi que des corps sacrifiés. Il semblerait que les Mayas détruisaient tous leurs objets du culte au passage d'une nouvelle période de 52 ans.

■ EL CONJUNTO DE LAS MONJAS
L'ensemble des Nones est sans doute la partie la plus intéressante du site : le temple orné de dieux Chacs est une merveille architecturale. Le nom donné par les Espagnols provient sans doute du fait que ce complexe architectural devait abriter los sacerdotes, les prêtres.

Représentation de Chacmol au temple des Guerriers, Chichén Itzá.

Caraïbes mayas

Toute la côte, au sud de Cancún, est baignée par la mer Caraïbe, c'est la Riviera maya et plus au sud la Costa maya. Il existe une multitude de plages et de mini-stations balnéaires jusqu'à la Réserve de la biosphère du Sian Ka'an.

© VINCENT LEDUC - AUTHOR'S IMAGE

Plage de Cancún.

Cancún

Cette étroite bande de dunes de 20 km de longueur sur 400 m de largeur est séparée de la terre par une lagune. Superbe trilogie où le vert émeraude de la lagune épouse le turquoise cristallin de la mer pour effleurer les bancs poudreux des nombreuses plages. Malgré l'arborescence tropicale (bougainvilliers, palétuviers, bouquets de cocotiers, etc.), ce n'est pas ici que vous trouverez le calme.

Les plages de Cancún

La zone hôtelière de Cancún est jalonnée d'une dizaine de plages publiques, toutes plus belles les unes que les autres. Depuis le km 0, s'étirent le long des 20 km du boulevard Kukulcán les plages de Las Perlas, Juventual (km 2), Linda (km 4), Langosta (km 5 (voir le gigantesque drapeau mexicain !), Tortugas (km 7), Caracol (km 8,5), Chac-Mool (km 10), Ballenas (km 15) et Delfines (km 17) où il y le mirador (magnifique panorama sur la mer) en face de las Ruinas del Rey (site maya). Les trois dernières semblent être les plus appréciées des touristes. La plage du Club Med, isolée, est à l'extrême sud du « 7 » porte-bonheur. Les plages changent de configuration au gré des courants et suivant les différents cyclones ayant touché la côte.

Isla Mujeres

Lorsque les Espagnols virent la multitude d'idoles représentant des femmes dénudées jusqu'à la taille, ils donnèrent à cette terre le nom d'îles des femmes… On dit aussi que l'île se nomme ainsi parce que les pirates y cachaient leurs épouses et leurs maîtresses. Isla Mujeres est un endroit privilégié, un centre magnétique de la planète où la sensualité semble s'être

concentrée à haute dose. Le charme d'Isla Mujeres semble indestructible. L'île des femmes reste un endroit magique. Vous n'avez rien d'autre à faire que vous détendre, oublier les tensions du monde civilisé !

■ PARC NATIONAL SOUS-MARIN D'EL GARRAFÓN

Vous serez enchantés de profiter des bancs de corail autour desquels évoluent des myriades de poissons multicolores. On trouve aussi les ruines embroussaillées de la casa Mundaca, bâtie par un pirate trafiquant d'esclaves pour l'amour d'une beauté locale, la Triguena.

Elle en épousa un autre et Mundaca devint fou. L'inscription de sa pierre tombale dit : « *Tel que vous êtes, j'ai été. Tel que je suis, vous deviendrez.* »

Playa Norte

D'anciens pêcheurs vous emmèneront plonger près de l'épave du ferry ou à Isla Contoy, à 45 min de là. L'île est un refuge ornithologique.

Dans les ferries express, des rabatteurs vous proposeront une visite de l'île en bateau avec un tour au phare, au Garrafón, en direction des plages et un poisson grillé au déjeuner.

La Riviera maya

La Riviera maya est une grande zone côtière longeant la mer des Caraïbes de Cancún jusqu'au sud de Tulum. Playa del Carmen, en son centre, fait figure de reine de la Riviera.

Puerto Morelos

Véritable aquarium à ciel ouvert, le parc naturel marin de Puerto Morelos vous permet de découvrir la beauté et variété du monde sous-marin en toute sécurité.

■ CROCOCUN

Grande diversité de reptiles, dont plus de 300 crocodiles, qui pour la grande majorité sont les spécimens capturés à proximité du village de Puerto Morelos. Egalement serpents, lézards, tortues, singes…

© VINCENT LEDUC - AUTHOR'S IMAGE

Plage d'Isla Mujeres.

Playa del Carmen

Aujourd'hui, mondialement connu, Playa del Carmen, construit tout près de l'exubérante forêt du Yucatán, est admirablement situé au bord d'une eau cristaline, turquoise et chaude à souhait. C'est le genre de station balnéaire à la fois cool, festive, mode, branchée et sportive, (combinaison de plongée toujours à portée de main). Ambiance jeune et décontractée.

■ AVIARIO XAMAN-HA

Les espèces viennent d'elles-mêmes dans ce parc. Idéal pour vous promener en amoureux, avec vos enfants, ou simplement si vous êtes passionné par le flamant rose, le tantale d'Amérique (*ciguena Box Hoo*), la spatule rosée, le toucan à carène (*tucan real*), le *ara macaw* (ara rouge), le joli petit canard comme le dendrocygne à bec rouge aussi connu sous le nom de dendrocygne à ventre noir, etc.

■ LES PLAGES

➜ La plage du Mamita's Beach Club propose une ambiance lounge sur des lits posés à même le sable, agréable et intéressant pour observer les « mamonés » (expression locale pour désigner les snobs).

➜ La plage est plus tranquille vers le nord de Playa. Punta Esmeralda, c'est l'endroit préféré des locaux. Sur cette plage, on y trouve un cenote qui selon le panneau d'avertissement, serait habité par deux crocodiles…

Isla Cozumel

Cette île de 54 km de longueur par 14 km de largeur n'a plus qu'une seule et unique raison d'être : la plongée. Cozumel possède des récifs de corail mais pas de plages. Si vous vous prenez pour le commandant Cousteau, vous serez au paradis. Les récifs ont été déclarés « parc marin national », ce qui garantit un respect du site.

■ MUSEO DE COZUMEL

L'histoire, la géographie et l'archéologie de l'île sont représentées dans quatre salles. Reconstitution des fonds sous-marins.

© S.NICOLAS - ICONOTEC

Playa del Carmen.

Le récif corallien de Palancar

Le commandant Cousteau en personne a découvert, dans les années 1950, le récif corallien de Palancar, au sud-ouest de l'île. Avec ses 5 km de longueur et une visibilité atteignant les 70 m de profondeur, il passe pour être l'un des cinq plus beaux sites de plongée au monde. L'île compte vingt-six récifs, pour la plupart situés à son extrémité sud-ouest.

Ceux de Maracaibo et de Paraíso nord et sud, respectivement, sont réservés aux plongeurs chevronnés.

■ RUINES DE SAN GERVASIO

Le site maya le plus important de l'île fut le sanctuaire de la déesse Ixchel, lieu de pèlerinage pour les Mayas.

■ CHANKANAB BAY BEACH

La lagune et son récif corallien sont interdits à la baignade, mais on peut plonger avec masque et tuba dans les eaux cristallines qui l'entourent.

Xcaret

Xcaret est un des sites les plus connus de la Riviera maya, autant pour ses monuments archéologiques, que pour le parc écologique et archéologique dédié au rayonnement de la culture maya. C'est aussi un important site dédié à la préservation de l'environnement et à l'écologie. En son sein, on conserve de nombreuses espèces animales et végétales dans leur milieu d'origine. Le site est formé par de petites criques qui abritent une vie marine tropicale, avec aquarium, zoo et un parc d'attractions qui combleront les petits et les grands. Pas moins de 25 attractions vous sont proposées : rivières souterraines et village maya ; criques et plages ; lagune du Manatí (lamantin) ; Aquarium du récif corallien ; tortues marines ; apiculture (élevage traditionnel de l'abeille maya) ; grotte de chauves-souris ; ferme de papillons ; îles aux jaguar et puma ; culture de l'orchidée ; randonnée dans la forêt ; volière. Vous pourrez aussi nager avec les dauphins.

Pour les curieux, une nouvelle activité est en vogue à Xcaret : le snuba. Mélange de plongée-tuba et de plongée sous-marine. L'activité consiste à respirer à l'aide d'un long tube rattaché à une bouteille d'oxygène comprimé, ce qui permet de se déplacer sous l'eau pour admirer les fonds marins, comme un scaphandrier…

Akumal

C'est une très belle baie avec une longue plage de sable blanc bordée de palmiers et de cocotiers. Akumal a la particularité de n'être qu'à un kilomètre seulement d'une partie de la deuxième barrière de corail, la plus grande au monde après la Grande Barrière d'Australie.

De plus, Akumal fut rendue célèbre par la découverte d'un galion espagnol, le Nuestra Señora de los Milagros, coulé en face du récif en 1741.

L'activité principale y est donc la plongée et la pêche sportive. Sur la plage, une grande statue en bronze représentant le navigateur espagnol Gonzalo Guerrero et une princesse maya avec leurs enfants rappelant qu'à cet endroit deux civilisations ont fusionné et donné naissance au peuple mexicain.

■ AKTUN CHEN

Aktun Chen est un parc de forêt tropicale « vierge » où l'on a trouvé trois grottes avec des cenotes à l'intérieur, avec des milliers de stalactites, de stalagmites et de sculptures naturelles faites avec l'eau et le carbonate de calcium depuis 5 millions d'années.

Xcacel

Les plages Xcacel et Xcacelito sont les lieux de ponte de tortues marines les plus importants sur le plan national. C'est un véritable sanctuaire des tortues marines en été. Des biologistes y résident, ramassent les œufs et relâchent les tortues par milliers. La biodiversité de cette zone représente aussi cinq écosystèmes comme la mangrove et la forêt basse avec une majorité de palmiers kuka sargentti. La faune y est importante avec des espèces de mammifères et d'oiseaux comme la frégate, le pélican et les aigles noirs et pêcheurs. En mer, vivent en parfait équilibre 102 espèces de poissons de récifs appartenant à 53 espèces et à 33 familles.

Xel-Há

Xel-Há est le parc écologique de la Riviera maya. Cette lagune aménagée est un vaste aquarium où l'on peut pratiquer diverses activités dont le snorkeling qui permet d'observer une multitude de poissons exotiques dans leur cadre naturel. Xel-Há est probablement l'un des sites les plus somptueux tant pour sa richesse écologique que naturelle, une étape obligatoire de la Riviera maya, un rendez-vous de la nature luxuriante et exubérante, avec la culture maya millénaire.

Xpu-Há

Situé à quelques kilomètres au sud de Xel-Há, ce très beau parc écologique est une alternative aux deux grands parcs Xcaret et Xel-Há. Il est plus intégré à l'environnement mais moins fréquenté.

Tulum

Un sable blanc, fin et poudreux, une eau aussi transparente qu'un glaçon, une mer turquoise dominée par des ruines magiques. La plage est souvent déserte et toujours propre.

■ SITE ARCHÉOLOGIQUE

Cité maya fortifiée dominant la mer, Tulum est vraiment un port précolombien magnifique. Ce site est unique.
Le nom préhispanique de cette cité était Zama, qui signifie aube, nom logique puisque sa situation géographique permet chaque jour d'observer le lever du soleil.

Parc aquatique de Xel-Há.

© S.NICOLAS - ICONOTEC

Tulum.

Mais Zama se traduit aussi par enclos, car trois des côtés du site sont entourés par des murailles. Tulum est l'ensemble archéologique le plus important de la côte, mais également le plus impressionnant, car il surplombe les Caraïbes du haut des falaises sur lesquelles il repose. Dès que vous arrivez, nous vous conseillons de vous rendre au nord au temple du Dieu du Vent afin d'avoir un point de vue dégagé de la côte et du site. Tulum connut son apogée pendant la période postclassique primaire (1000 à 1250 après J.-C.) et postclassique tardive (1250 à 1550 après J.-C.). Habitée par environ 8 000 habitants, la cité est à l'époque un lieu de commerce important. Cire, miel, peaux (chevreuils, jaguars…) sont échangés contre la pierre volcanique aux Guatemaltèques, utile à la fabrication des haches et des pointes de flèches. La classe dirigeante s'occupe de la guerre, elle possède un contrôle politique et religieux sur la population. Son pouvoir s'exerce sur une société complexe et hiérarchisée, basée sur une production agricole où domine la culture du maïs et s'ajoute le *frijole* (haricot) et la *calabaza* (courge).

■ **RÉSERVE DE LA BIOSPHÈRE DU SIAN KA'AN**

La réserve du Sian Ka'an dont le nom très poétique signifie « Là où nait le ciel », fut créée en 1986 et incorporée au patrimoine naturel mondial de l'Unesco. C'est la plus grande zone protégée du Mexique avec 652 000 hectares composée de forêts tropicales humides, de lagons (110 km de barrière de corail), de lagunes marines et de cours deau douce. La réserve est un sanctuaire d'oiseaux migrateurs (flamants roses, hérons dont le bleu, aigrettes…) dont on a dénombré plus de 300 espèces, mais également un véritable paradis pour la faune terrestre avec 103 espèces de mamifères qui évoluent parmi les ruines mayas (27 sites archéologiques). La lagune, quant à elle, abrite de nombreuses espèces aquatiques, et notamment deux espèces de crocodiles tropicaux.

Le lagon est riche en langoustes, poissons tropicaux bien sûr et 4 espèces de tortues mairines viennent pondre sur le sable.

La costa maya

La côte maya donne sur la mer des Caraïbes, avec ses plages ensoleillées et solitaires. À quelques kilomètres de Majahual, Banco Chinchorro est l'atoll corallien le plus grand et le plus riche du pays et il renferme des espèces rares.

Chetumal

Chetumal fut fondée en 1898 dans le but de contrôler les indigènes mayas qui s'étaient soulevés pendant la guerre des Castes, commencée cinquante ans plus tôt. Aujourd'hui, Chetumal est une ville paisible, à l'allure typique des Caraïbes.

Felipe Carrillo Puerto

Felipe Carrillo Puerto est la porte d'entrée du Mundo maya avec toutes ses communautés, ses coutumes, ses traditions et ses formes de vie, vieilles de deux siècles. Connaître Felipe Carrillo Puerto, c'est connaître la culture maya. Durant plus d'un siècle, elle fut le théâtre des principales batailles entre le peuple maya et le gouvernement. Ces gens fiers offrent toujours aux visiteurs un accueil chaleureux et le sourire.

Majahual

Le pittoresque village de Majahual a été l'un des premiers à bénéficier de l'essor touristique, tout en restant un village de pêcheurs et il est devenu un point d'accès aux villages et aux sites touristiques qui se développent actuellement. À Majahual, vous pourrez

pratiquer la natation, la plongée tuba, la voile ou la pêche sportive ou simplement vous reposer sur ses plages ensoleillées tout en dégustant les excellentes spécialités à base de fruits de mer que préparent ses habitants.

Banco Chinchorro

Banco (récifs coralliens) du Chinchorro est le plus grand récif du Mexique (46 km sur 15 km) et fait partie de la barrière de récifs méso-américaine, la deuxième au monde par ses dimensions. Sur environ 800 km², il regroupe une infinité d'attraits naturels d'une beauté incomparable. Sa configuration corallienne permet la formation d'une vaste lagune de récifs aux profondeurs variant d'un à huit mètres et jusqu'à 150 ou 200 m au-delà de la barrière. Parmi les autres attraits de Banco Chinchorro, figurent les épaves de navires échoués sur les récifs et qui en font un véritable cimetière marin. La combinaison de couleurs des différentes formes de vie mélangée aux épaves de bateaux et galions est un spectacle inédit. Les amateurs de plongée ne doivent pas manquer de découvrir les beautés sous-marines de cet immense récif.

Laguna de Bacalar

Bacalar a connu de nombreuses intrusions de pirates français et anglais provenant du Belize, terre des pirates anglais. Pour contrecarrer ces derniers, le fort de San Felipe fut construit entre 1727 et 1769. Il aura un rôle important pendant la guerre des Castes en 1847. Il se visite et possède un musée intéressant. La fête de Bacalar se déroule du 12 au 17 août. La lagune de Bacalar est une merveille de la nature.

Le Nord du Mexique

Le nord du Mexique est une tout autre terre. Possédant des climats tropicaux et désertiques, il offre des paysages extraordinaires.

Colima (État de)

Colima (ville)

Colima est la capitale d'un des États les plus petits et les plus riches du Mexique. Cette ville à l'architecture coloniale est un répit après les stations balnéaires de la côte Pacifique. La ville est dominée par deux volcans qui se détachent à l'arrière-plan : le Nevado de Colima (4 330 m), dont le sommet est continuellement couvert de neige (c'est un volcan éteint) et le volcan toujours actif de Colima (3 960 m), reconnaissable à son perpétuel nuage de fumée.

■ MUSEO DE LA CULTURA DE OCCIDENTE

Le musée est une célébration continue du génie natif de la culture locale. Sa collection, l'une des plus importantes en son genre, met en valeur des objets créés par des indigènes dans une riche et imaginative variété de formes sculpturales.

■ MUSEO UNIVERSITARIO DE ARTES POPULARES

Arts populaires de Colima et d'autres États, bonne section de costumes et masques portés lors des danses traditionnelles.

■ L'ÉGLISE SAN FELIPE DE JESÚS

Elle a une importance historique : elle fut, entre 1772 et 1792, le siège de celui qui fut à l'origine de l'indépendance mexicaine, le frère Francisco Hidalgo. La maison d'Hidalgo est visible au 70 de la calle Quintero.

■ COMALA

Les étroites rues pavées mènent à la place centrale où les habitants de Colima aiment venir passer le week-end, manger et boire à l'ombre des arcades des terrasses de café.

■ SUCHITLÁN, SAN ANTONIO ET LE PARC NATIONAL NEVADO DE COLIMA

Suchitlán est une ville indienne où les tianguis (autochtones) se promènent le dimanche. Poursuivez votre ascension jusqu'à San Antonio où le lagon Carrizalillo se trouve pratiquement à la base du volcan. Au-delà s'ouvre le parc national Nevado de Colima.

■ AGUA FRIA

À Agua Fria se trouve une station thermale rustique dont l'eau de source transparente remplit une fosse entourée d'une abondante végétation.

Jalisco (État du)

Guadalajara

La capitale du Jalisco, avec quatre millions d'habitants, est la deuxième ville du Mexique. Surnommée « la cité des roses », réputée pour ses nombreuses places et fontaines, moderne mais riche d'un passé de cinq siècles, c'est la plus mexicaine des villes du pays.

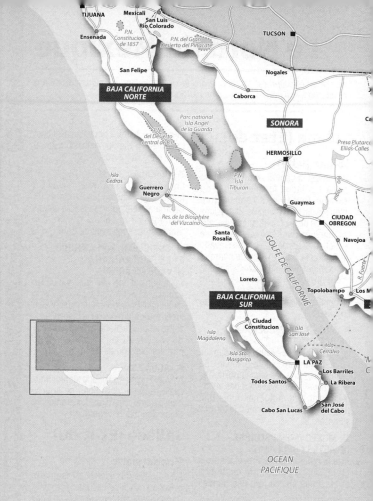

Le Nord du Mexique

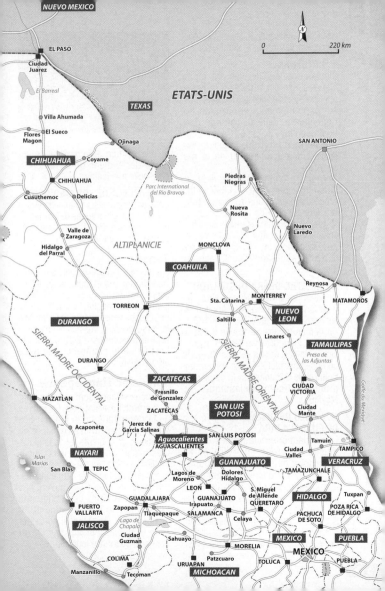

On lui doit, entre autres, la musique des mariachis, la tequila, le sombrero...

■ CATHÉDRALE

Symbole de la ville avec ses tours jumelles, elle est située sur la place principale où elle voisine avec quelques autres monuments importants de Guadalajara, telle la rotonde des hommes illustres (1951), immense sculpture en bronze à la gloire des lettres, des sciences et de la *res publica*.

Derrière la cathédrale, se déploie l'immense place de la Libération, ornée d'arbres, d'une fontaine et de la statue du père de l'Indépendance, Miguel Hidalgo, représenté brisant les chaînes de la servitude. C'est en effet à Guadalajara, en 1810, qu'il signa le décret abolissant l'esclavage au Mexique.

■ THÉÂTRE-OPÉRA DEGOLLADO

De style également néoclassique et dont la façade représente Apollon et les Neuf Muses, date de 1856-1866. Derrière le théâtre se trouve la Plaza Tapatía, inaugurée en février 1982; ses fontaines et ses jardins forment un ensemble plutôt réussi. L'Instituto Cultural de Cabaòas est le deuxième grand édifice néoclassique du Mexique.

■ MUSEO REGIONAL DE GUADALAJARA

Les collections éclectiques de ce musée couvrent l'histoire et la préhistoire de l'ouest du Mexique. Au rez-de-chaussée, le squelette d'un mammouth et la réplique de la météorite de Zacatecas, découverte en 1792 et pesant 780 kg. À l'étage, des galeries de peinture, une section historique consacrée à l'État de Jalisco depuis la conquête espagnole ainsi

Manifestation

L'événement majeur de la ville de Gua-dalajara se déroule en octobre avec Fiestas de Octubre : défilés, stands, expositions, c'est une fête qui se veut réjouissante.

qu'une section ethnographique sur la vie des Indiens de la région et cow-boys mexicains.

■ PLAZUELA DE LOS MARIACHIS

Cette petite place est connue dans tout le pays pour ses troupes de mariachis qui y jouent toute la journée et une bonne partie de la nuit.

Tequila

C'est ici que naquit le fameux breuvage. Dans le Rancho El Indio, vous verrez les plantations d'agaves et assisterez peut-être à la récolte. Le cours naturel des choses vous mènera sans doute à la Perseverencia, où vous découvrirez tout le processus d'élaboration, le chemin de la plantation à la mise en bouteille.

Tonala et Tlaquepaque

Ces deux villages sont réputés pour leur créativité artistique. Le musée de la Céramique ou la Maison des artisans à Tonala sont un mélange de traditions, de couleurs, et de folklore. C'est d'ailleurs de cet intérêt, pour l'artisanat et l'art en général, qu'est né le concept Tlaqueparte à Guadalajara, à la suite de l'exposition qui eut lieu en juin 1999. Trois cent cinquante exposants d'Amérique latine et du monde entier purent ainsi échanger avec le public leur savoir-faire et donner à connaître leur talent.

Puerto Vallarta

Ce fut longtemps un gentil petit village endormi à l'embouchure du río Cuale. Puis le village se dota d'un port pour faire transiter les fabuleuses richesses des mines de San Sebastián, qui employaient à leur apogée 50 000 mineurs. Mais, très vite, les mines furent abandonnées et la petite ville retourna à son isolement jusqu'à la construction d'une route, en 1968. Cependant, juste à côté, cette plage dans la jungle qu'est Yelapa était déjà connue d'un certain nombre d'Américains qui s'y rendaient alors par la mer. Aujourd'hui, c'est un lieu de villégiature parfait ; la ville a un cachet qui lui est propre.

■ PALACIO MUNICIPAL
Ses fresques murales, réalisées par Manuel Lepe, représentent les différentes scènes qui constituèrent l'histoire de la ville.

■ CATHÉDRALE DE GUADALUPE
La coupole est une réplique de la couronne que portait l'impératrice Carlota en 1860.

■ CASA KIMBERLEY
Il s'agit des villas de Richard Burton et d'Elisabeth Taylor. Elles sont reliées par un pont. La villa du bas, appelée la « Richard », dispose d'une piscine ; elle était utilisée pour les soirées décontractées. La villa du haut, la « Liz », était le quartier général des soirées officielles. C'était aussi la résidence principale du couple.

Barra de Navidad

Barra de Navidad est une péninsule étroite entre Bahía de Navidad et le lagon Navidad. Bien que Barra de Navidad ait la même monoculture que les autres « beach resorts » de la côte Pacifique, son charme tient à sa taille humaine et à la façon harmonieuse dont elle offre ce que l'on attend d'une station balnéaire – lézarder sur la plage et en faire le moins possible.

■ ÉGLISE DE SAN ANTONIO
Cette église possède un Christ de l'Hurricane. On dit ici que lorsque le cyclone Lily frappa la localité en 1971, une fillette court dans l'église pour prier : les bras écartés du Christ seraient retombés sur ses flancs pour contenir la tempête…

Les plages de Puerto Vallarta

Bucerías (nord)
Bucerías est une plage magnifique connue pour ses très beaux couchers de soleil. Tout autour, le quartier est presque exclusivement résidentiel.

Sayulita (nord)
Une station balnéaire aux services identiques à ceux offerts par Puerto Vallarta, mais petite et calme, car moins touristique. Les vagues sont très fortes mais à l'abri des contre-courants.

Mismaloya (sud)
C'est la plage où a été tourné le célèbre film La Nuit de l'iguane. La maison est toujours là, mais de grands hôtels de luxe et des condominiums en forme de tours ont complètement détruit le caractère sauvage de la jungle.

Boca Tomatlán (sud)
Plus au sud, Boca Tomatlán est une petite plage qui rappelle la Mismaloya d'autrefois. De nombreux restaurants, boutiques et hôtels se succèdent jusqu'à une profonde crique.

San Patricio Melaque

Il s'agit de la même plage qu'à Barra de Navidad. On peut marcher d'une ville à l'autre : le vide entre les deux ne représente que deux kilomètres. La différence entre Barra et Melaque vient de ce que Barra fait face à l'océan, tandis que Melaque est abritée. Barra reçoit de grosses vagues alors que Melaque est aussi calme qu'une baignoire, Barra jouit de magnifiques couchers de soleil, mais Melaque en est privée. Cependant, San Patricio est une authentique ville mexicaine.

Nayarit (État de)

San Blas

San Blas était un vieux port espagnol où abordaient les galions de la présumée « route de la Chine », en réalité les Philippines.

Le padre Juniperro Serra s'embarqua à San Blas pour fonder la chaîne de missions dont sont issues les actuelles villes de Californie. San Blas a un secret : la colline située à l'extérieur du port, avec un phare à son sommet, représente pour les Indiens huichols un lieu sacré, un lieu de pèlerinage. Loin dans les montagnes de l'état de Nayarit, le lac Santa Maria del Oro est une attraction touristique célèbre pour la couleur de ses eaux. Les Huichols croient que le lac est sans fond et qu'il est relié à la mer par un passage souterrain aboutissant à une grotte sous-marine. Selon eux, cette grotte est située sur le flanc de la montagne à l'extérieur de San Blas. C'est par ce tunnel que le dieu de la Mer peut entrer dans le territoire huichol et assurer la fertilité de leurs champs, la floraison du maïs et la venue des pluies.

Dans les environs

La Tobara

Prendre un bateau à l'embarcadère de La Aguada pour faire une croisière courte dans la jungle (12 km). Vous traversez une plantation de cocotiers et parvenez à La Tobara, une piscine d'eau courante et cristalline où l'on peut se baigner au milieu de gros lézards.

Playa las Islitas

Voilà la plage préférée des surfeurs.

Aticama

Sur la gauche, comme vous avancez sur la plage, les vagues deviennent plus fortes. Plus loin, à l'endroit où la plage rejoint la route principale, se trouve le meilleur spot pour faire du surf.

Playa los Cocos

Playa Los Cocos est ainsi nommée pour la plantation de cocotiers qui la borde.

Mexcaltitán

Aux alentours du XIe ou du XIIe siècle, les Aztèques commencèrent leur errance à la recherche de la Terre promise. Une prophétie leur promettait la fin de cette errance le jour où ils verraient, perché au sommet d'un cactus, un aigle tenant dans son bec un serpent. C'est ainsi qu'en 1325 ou 1345, ils trouvèrent une île sur le lac Texcoco. Ils nommèrent l'endroit Tenochtitlán, dans la vallée de la Lune, ou Mexico. Les spéculations sur le légendaire Aztlán, c'est-à-dire le point de départ des Aztèques, se sont focalisées sur Mexcaltitán. Mexcaltitán est une île de 350 m sur 400 m au milieu d'un lagon sur le fleuve San Pedro, non loin de la mer. À partir d'une place centrale, les rues se déploient comme les rayons d'une roue. On y accède par canot, un peu comme à Venise.

Sinaloa (État de)

Mazatlán

Surnommée « la perle du Pacifique », Mazatlán fut fondée en mai 1531 par vingt-cinq Espagnols. Cette ville portuaire constitue l'une des plus grandes destinations touristiques. Située à 21 km du tropique du Cancer, elle connaît des températures allant de 22 à 27 °C.

Et, comble de bonheur, elle bénéficie d'une plage longue de 17 km. L'oiseau emblématique de la ville est le pélican. Lorsque sur le Pacifique il y a des pélicans, évidemment il y a des pêcheurs... la pêche au thon est l'activité par excellence, le poisson est alors conditionné en boîtes pour être distribué dans tout le pays.

© SYLVIE LIGON

Église à Mazatlán.

Manifestations

➜ **Carnaval.** La ville est fière de son carnaval du Mardi gras, célébré depuis plus d'un siècle (dès 1827) en février. Il se déroule toute une semaine, dans la zone du vieux Mazatlán.

➜ **Feria del Fuerte ou Fiesta Mayor,** en souvenir de la fondation du fort. Festivités les derniers jours de novembre à la mi-décembre : expos de photos, peintures, artisanat, danses traditionnelles.

➜ **Jour de la Marine,** 1er juin. Fête des marins et des pêcheurs : excursions en barques et bateaux, couronnement de la Reine des marins.

■ **BASILIQUE DE L'IMMACULÉE CONCEPTION**
Commencée en 1856, elle fut consacrée en 1937 à la Purísima Concepción, la patronne de la ville. Sa façade est d'inspiration gothique. Elle possède deux tours, comme la cathédrale de Guadalajara. L'intérieur offre une mosaïque de styles architecturaux où se combinent le gothique (au centre), le néoclassique (sur les côtés latéraux) et le baroque, exubérant dans la décoration.

■ **MONUMENT À LA CONTINUITÉ DE LA VIE**
Ce monument célèbre la diversité ethnique du Mexique et symbolise le commencement et la fin de l'Humanité.

■ **PHARE**
Dans l'île Crestón à 157 m d'altitude. Depuis 1571, il s'acquitte de ses fonctions de phare naturel le plus élevé du monde après celui de Gibraltar.

Les environs de Mazatlán

Isla de La Piedra

La beauté de ses plages, bordées de cocotiers, lui a valu un essor et une réputation touristique dans tout le pays. Importante production de noix de coco et cacahuètes.

Sonora (État de)

Le Sonora, c'est l'union de la mer, du désert et de la montagne, la rencontre du désert avec les tropiques.

Hermosillo

Bien que comptant plus d'un demi-million d'habitants, elle a su garder le charme des petites villes provinciales, pas prétentieuses du tout. Presque tout est accessible à pied. De plus, elle est aimée du soleil et il y fait très chaud. Le rêve !

■ LA PINTADA

On pourra visiter la plus grande exposition naturelle d'art rupestre du Sonora : pétroglyphes ; pictogrammes. Selon les spécialistes, les dessins des mains et des pieds sont les représentations les plus anciennes. En Amérique du Sud, où existent des gravures rupestres similaires, on les fait remonter à 9000 à 8000 avant J.-C. Dans le Sonora, la tradition des peintures naturalistes et semi-naturalistes a perduré. Pour preuve, les représentations de chevaux, de cavaliers et de vaches, animaux connus des artistes indigènes après le XVIᵉ siècle seulement.

San Carlos

Appelée également Nuevo Guaymas, cette baie est d'une beauté extraordinaire. La plage de sable fin est appelée Playa de algodones (cotons). L'eau y est étonnamment froide.

Chihuahua (État de)

Chihuahua (ville)

La capitale de l'Etat, qui compte plus d'un million d'habitants, est située dans la sierra Madre occidentale, à 1 420 m d'altitude. Cette belle cité assez prospère possède des édifices coloniaux d'une grande beauté. La ville a joué un rôle commercial et politique important.

C'est ici que, pendant la guerre d'Indépendance, le grand Miguel Hidalgo fut emprisonné et assassiné par les Espagnols. Le président Benito Juárez y installa son gouvernement sous l'occupation française.

■ CATHÉDRALE

Elle fut achevée à la fin du XVIIIᵉ siècle. Sa façade baroque est un délice. L'intérieur, de style dorique, avec tout de même seize colonnes corinthiennes, est un modèle de simplicité. Non loin de l'entrée de la cathédrale, le Museo de Arte Sacro expose quelques peintures et objets de la période coloniale.

Écotourisme

Le Sonora recouvre quatre écosystèmes : désert, mer, vallée et sierra et possède 900 km de côtes sur l'océan Pacifique ou la mer de Cortés, aux riches fonds marins. L'ouest de cet Etat comprend la plus grande zone désertique d'Amérique. Le désert est caractérisé par le Pinacate, une formation volcanique utilisée par la Nasa pour préparer les astronautes d'Apollo 11 au voyage sur la Lune.

Réserve écologique d'El Pinacate...

Ce parc naturel, déclaré Réserve de la biosphère et patrimoine universel, est situé dans le grand désert de Sonora. Il y a 100 000 ans, une gigantesque éruption volcanique aurait ouvert le golfe de Californie et levé les chaînes montagneuses de la région du Pinacate à une hauteur de 1 415 m. Dans cette zone, les volcans importants sont le Mac Dougal, dont le cratère est de 2 km de largeur et 120 m de profondeur; son voisin, le Trébol, d'un périmètre de 2 600 m à trois petits cônes inactifs; El Elegante, d'un périmètre de 4 436 m, hauteur de 1 466 m; El Colorado, haut de 300 m; et El Pinacate, auquel on peut accéder par la route Sonoyta-San Luis Río Colorado. Les conditions climatiques sont ici extrêmes. Dans la vallée de l'Enfer (El Valle del Infierno), les températures oscillent entre 50 °C en été et - 7 °C en hiver. Dans ce cadre vivent 250 espèces végétales et 230 espèces animales. Il y a 3 000 ans, les ancêtres des Indiens tohonos O'dham (ou papagos) vivaient sur les hauteurs de la Sierra Blanco, chassant des mammifères et récoltant des graines et des fruits.

■ PALACIO DE GOBIERNO

Elégant édifice du XIXe siècle. Sa cour est entourée de colonnes et d'arcs et ses murs sont couverts de peintures retraçant quelques épisodes de l'histoire de Chihuahua.
Ces fresques sont de Piña Mora (entre 1956 et 1962). Au rez-de-chaussée, le modeste Museo de Hidalgo retrace l'histoire de l'Indépendance mexicaine.

■ MUSEO HISTÓRICO DE LA REVOLUCIÓN

Ce musée de la révolution mexicaine se trouve dans le siège des anciens quartiers généraux du révolutionnaire Pancho Villa, assassiné en 1923. Ouvert depuis 1981, date de la mort de la veuve officielle du révolutionnaire, elle y a rassemblé et exposé un grand nombre d'effets personnels. On peut approcher la voiture dans laquelle il a été assassiné, amusez-vous à compter le nombre de trous laissés par les balles dans la carrosserie… impressionnant !

■ MUSEO REGIONAL

L'histoire raconte que Manuel Gameros a commencé à construire ce merveilleux palais en 1907 pour l'offrir à sa fiancée en cadeau de mariage. La jeune femme eut le temps de s'énamourer de l'architecte avant la fin des travaux. L'édifice, d'inspiration art nouveau, est somptueux.

■ GROTTES DE COYAME

Il est étonnant de voir que dans une région aussi éloignée de la mer, vivaient voici plusieurs centaines de millions d'années, une faune et une flore marines. Vous pourrez vous en rendre compte au travers des nombreux fossiles de coquillages, d'escargots de mer et d'algues qui peuplent les parois rocheuses de la grotte, et dont les différentes salles sont reliées par un tunnel.

Casas Grandes

Paquimé ou Casas Grandes est la ville préhispanique la plus importante du nord du Mexique et l'une des principales de la vaste région appelée la Grande Chichimèque, une région qui comprend Chihuahua, Sonora,

Durango au Mexique, le Colorado et le sud de l'Utah aux États-Unis. La ville, édifiée en 1200, atteignit son apogée entre 1300 et 1450. Les Paquimés ont laissé d'impressionnantes constructions qui témoignent d'un extraordinaire système de distribution et de conduction d'eau à l'intérieur de la ville. L'architecture des zones de résidence et des centres cérémoniels témoigne d'une société bien organisée, où les artisans sont parvenus à un haut degré de spécialisation.

■ CENTRE CULTUREL PAQUIMÉ

Déclarée en 1996 patrimoine culturel de l'Humanité par l'Unesco, Paquimé est la principale zone archéologique du nord du pays. À l'heure actuelle, il reste des zones encore non explorées sur les 50 hectares de la zone.

La Sierra Tarahumara et la Barranca del Cobre

La région dite Barranca del Cobre se trouve au milieu de la légendaire Sierra Madre. Les 65 000 km² de cette région

Fillette Tarahumara.

comprennent également d'autres canyons importants dont : Urique (1 990 m) ; Sinforosa (1 920 m) ; Barranca del Cobre (plus couramment appelée Copper Canyon, 1 870 m) ; Tararecua (1 520 m) ; Oteros (1 050 m). À titre de comparaison, le Grand Canyon a une profondeur de 1 520 m. C'est seulement depuis l'achèvement du chemin de fer Chihuahua al Pacifico, en 1961, qu'il est enfin devenu possible aux touristes d'accéder à ce territoire. Le train Chihuahua al Pacifico parcourt 650 km, monte jusqu'à 2 600 m et traverse cinq zones climatiques. C'est l'un des plus merveilleux ouvrages d'ingénierie du monde. Le pont le plus long est celui d'Aguascalientes (499 m) qui passe au-dessus du río Fuerte, le plus haut (90 m) enjambe le río Chinipas.

Creel

Creel vit le jour durant la première phase de construction du chemin de fer en 1907, et c'est aujourd'hui un lieu de passage très prisé par les visiteurs qui recherchent l'authenticité autant que la splendeur des paysages. Creel est considérée comme étant la porte d'entrée de las Barrancas del Cobre, de plus, sa position stratégique le place au centre d'un éventail de merveilles naturelles : le río Urique, les cascades de Basaseachic, les eaux thermales de Rekowata, le lac d'Arareko, les grottes Tarahumara…

■ MUSÉE DE CREEL

Retrace la vie quotidienne des Tarahumaras au travers d'expositions d'objets artisanaux, de photos de Gérard Tournebize, un Français qui vécut avec eux dans les hauteurs et des textes d'Artaud sur le cycle annuel des cérémonies religieuses.

Montagnes de Barranca del Cobre.

Cuauhtémoc

Centre agricole de l'État (lait), dont la productivité est due en grande partie aux mennonites, groupe ethnico-religieux d'origine allemande. Secte pacifique, qui après avoir vécu et fait la Première Guerre mondiale en Europe, décida de s'exiler dans un pays sans contraintes militaires.

Au même moment, les latifundistes mexicains souhaitaient vendre leurs terres plutôt que d'avoir à les céder aux paysans. Après un accord passé avec le président Alvaro Obregon, les mennonites purent rester à Chihuahua, tout en conservant leurs rites et coutumes.

Durango (État de)

La cathédrale de Durango (XVIIIᵉ siècle) est l'une des plus animées qui soient, avec des messes apparemment continuelles.

Tout autour d'une place bordée de rues et d'artères se dressent d'excellents exemples de l'architecture coloniale :

ce sont le palais du gouverneur, la bibliothèque municipale et l'Université, abritée par un ancien couvent de jésuites. Tous ces bâtiments présentent des peintures murales importantes, en particulier le palais du gouverneur. Mais le chef-d'œuvre architectural de Durango est sans aucun doute la casa del Conde del Valle de Suchil, qui abrite désormais le siège principal de la Banque du Mexique pour le nord du pays. Le hall principal, l'un des plus beaux du monde, est surmonté d'une verrière protégeant la cour. À la porte suivante, qui donne sur la salle des coffres privés, s'ouvre un jardin avec des colombages. Construite entre 1763 et 1764, son intérieur est baroque avec d'infinis motifs rococos. À l'autre extrémité de l'éventail architectural, la gare ferroviaire, totalement désaffectée, est une relique parfaite du style des années 1920. On y voit une immense peinture murale de la ville de Mexico en verre de couleur avec juste quelques parties manquantes.

Formation rocheuse dans la réserve de Sierra de Organos, Durango.

L'endroit est unique, il s'en dégage une atmosphère fantomatique, laissant imaginer ce qui fut jadis.

■ POINT DE VUE

La colline au sommet de laquelle se tient la bibliothèque municipale offre un excellent panorama sur Durango et ses environs. L'énorme colline rouge que vous verrez au nord de la ville est un bloc de fer dont Durango tire sa prospérité. On dit qu'il reste assez de fer pour que son extraction dure encore un siècle.

■ MUSEO TEMÁTICO DEL CINE

Il s'y trouve exposé une collection d'anciennes caméras, photographies et des informations curieuses relatives aux tournages dans le Durango.

Zacatecas (État de)

En 1546, des mines d'argent furent découvertes au pied du Cerro de la Bufa. La bonne nouvelle se répandit vite et suscita, la même année, la fondation de Zacatecas, placée sous la protection de la Virgen del Patrocinio.

Zacatecas (ville)

Le centre de la ville est désormais inscrit au patrimoine mondial de l'Humanité par l'Unesco.

■ CATHÉDRALE

L'une des plus belles du Mexique, elle fut construite entre 1729 et 1752 en pierre rose et dans un style baroque tardif. Sa façade a été interprétée comme un gigantesque symbole du tabernacle, réceptacle de l'hostie et du vin, au cœur de la communion avec Dieu dans le culte catholique. On y voit d'ailleurs, en haut de la fenêtre centrale, la figure d'un petit ange tenant un tabernacle. Elle présente les statues des douze apôtres et une autre plus petite figurant la Vierge.

■ TEMPLO DE SANTO DOMINGO

Construite par les jésuites en 1740, elle est plus sobre que la cathédrale. Son intérieur est joliment décoré. Lorsqu'ils furent expulsés de la Nouvelle-Espagne, en 1767, Santo Domingo fut reprise par les dominicains et devint la deuxième église de ce pays après la cathédrale.

■ MUSEO RAFAEL CORONEL

Il est situé dans l'ancien couvent de San Francisco. Ce musée dédié au frère de Pedro Coronel et gendre de Diego Rivera et inauguré en 1991, est un joyau d'art colonial.

Ses collections sont exceptionnelles : la salle du Visage mexicain compte plus de six mille masques de danses mexicaines de diverses régions et époques ; la salle dite de l'Enfant présente quatre cents marionnettes des XIXᵉ et XXᵉ siècles ; la salle des Marmites expose une étonnante collection de casseroles du Michoacán, d'Oaxaca, de Veracruz et dont certaines de l'époque maya ; la salle Ruth Rivera abrite cent dessins de Diego Rivera et une série du *Disparate* et de la *Tauromachie* de Goya ; la salle de la Vallée de Mexico, unique au monde, réunit plus de mille sculptures en céramique du XVIᵉ siècle.

■ MUSEO PEDRO CORONEL

Pedro Coronel a réuni dans cet ancien collège jésuite ses propres œuvres ainsi que ses collections privées provenant du monde entier : Asie, Afrique, Mexique ancien, Rome, Grèce, Egypte. On y verra également quelques grands noms, comme ceux de Goya, Chagall, Kandinsky, Miró. C'est probablement l'un des meilleurs musées d'art.

■ MUSEO FRANCISCO GOITIA

Le musée est un singulier édifice entouré de jolis et amples jardins, dessiné et construit par l'architecte espagnol Máximo de la Pedraja. On y découvre les travaux de six artistes contemporains natifs de Zacatecas, comme Pedro et Rafael Coronel, Julio Ruelas, José Kuri Breña ainsi que Goitia, auteur de bonnes représentations d'Indiens et d'un remarquable autoportrait. On parle de 100 ans de productions et plus de 170 œuvres.

■ MINA EL EDÉN

Ce fut l'une des mines les plus riches du pays.

© SYLVIE LIGON

Vue générale de Zacatecas.

Un véritable trésor d'argent, d'or, de fer, de cuivre et de zinc dont l'extraction nécessita une importante main-d'œuvre d'Indiens et d'enfants travaillant dans des conditions épouvantables. Il fut un temps où l'on y recensait cinq morts par jour, en raison d'accidents ou de maladies. Exploitée entre 1586 et 1950 sur sept niveaux, la mine n'est aujourd'hui ouverte à la visite que partiellement.

■ CERRO DE LA BUFA

Sur cette colline qui domine la ville et d'où la vue est superbe, le Museo de la Toma de Zacatecas, qui commémore la bataille de 1914 où triomphèrent les troupes de Pancho Villa et la Capilla de la Virgen del Patrocinio, lieu de pèlerinage très fréquenté. Célèbre pour les miraculeuses guérisons imputées à la Vierge.

■ TELEFERICO

En sortant de la mine El Éden, sur votre gauche, une courte marche vous conduira à la station téléphérique Cerro del Grillo. Cette merveille, dont les habitants de la ville sont fiers, fut réalisée par des Suisses d'octobre 1978 à mai 1979. Relie en 7 min le Cerro del Grillo à celui de la Bufa à une hauteur de 85 m sur un parcours de 650 m.

■ CENTRE ASTRONOMIQUE ET CÉRÉMONIAL D'ALTAVISTA

Pyramides, terrasses, colonnes, labyrinthe ou encore le salon des vingt-huit colonnes, également appelé Place de la Lune. Observatoire impressionnant servant à la contemplation des équinoxes et solstices.

Sombrerete

Cette ville, qui vit le jour en 1555, doit son nom au Cerro en forme de chapeau tricorne, au pied duquel elle fut fondée. Grâce à l'abondance de la mine d'argent qui fit sa richesse, elle recèle de somptueux monuments coloniaux, tels que le couvent de San Mateo, la paroisse de saint-Jean-Baptiste ou encore le temple de Santo Domingo.

© SYLVIE LIGON

Fresque au Palais du Gouverneur d'Aguascalientes.

Aguascalientes

Aguascalientes est une ville à la fois thermale et industrielle prospère. Parmi les monuments, citons le Palacio De Gobierno de 1665, fabuleusement décoré, et la cathédrale de 1575, avec un retable du XVIIIe siècle.

Les très belles fresques du Palacio de Gobierno furent réalisées par le peintre chilien Osvaldo Barra Cunningham. La première retrace l'histoire de la ville, la seconde la feria de San Marcos, la troisième est l'interprétation des couleurs du drapeau mexicain, la quatrième reprend la bataille de la Gran Nopalesa et la dernière met en scène la signature de la Convention d'Aguascalientes à la suite de la révolution. Plus à l'ouest de la ville, les beaux jardins de San Marcos (1847) sont le symbole d'Aguascalientes.

■ MUSEO JOSÉ GUADALUPE POSADA

Ce musée, de loin le plus intéressant de la ville, est consacré au grand artiste Posada (1852-1913), fondateur de l'art moderne mexicain. De nombreuses gravures et dessins satiriques.

■ MUSEO DE AGUASCALIENTES

Dans le très beau bâtiment du musée sont exposées les œuvres de Saturnino Herran, natif d'Aguascalientes.

■ BAÑOS TERMALES DEL OJOCALIENTE

En 1808, Don Manuel María Tello, propriétaire de l'hacienda d'Ojocaliente sollicita une autorisation pour la construction de bains thermaux.
À cause de la guerre d'Indépendance, il fallut attendre 1831 pour qu'ils soient construits. Ils ont un petit charme rétro. Les eaux sont recommandées pour les rhumatismes et l'artériosclérose.

Manifestations

➔ **Festival de Arte Primavera Potosina.** Les deux dernières semaines de mai : concerts, théâtre, expos, danses, films avec la présence d'artistes nationaux et internationaux.

➔ **Festival nacional de Danza.** Deux dernières semaines de juillet : danse con-temporaine. Beaucoup de représentations au théâtre de la Paz.

➔ **Feria nacional Potosina.** Deux dernières semaines d'août : manifestations culturelles et populaires, corridas, combats de coqs, compétitions sportives.

➔ **San Luis Potosí Rey.** 25 août, le jour de saint Louis, roi de France et saint patron de la ville : diverses manifestations et parades pendant une semaine. Clôture sous un feu d'artifice.

San Luis Potosí (État de)

À l'époque préhispanique, le territoire potosino était habité par trois groupes : les Pames, dans la zone médiane, les Guachichiles, dans l'Altiplano, tous deux de culture chichimèque, et les Huastèques, dans la région appelée la Huasteca.

Attirés par l'or et l'argent abondant dans la contrée, les Espagnols fondèrent San Luis Potosí vers 1592.

San Luis Potosí (ville)

Ancienne ville minière très riche à l'époque coloniale, San Luis Potosí est véritablement splendide.
Du temps de sa prospérité, elle a gardé nombre de monuments, couvents et églises de tous les styles : baroque, byzantin, gothique.

Parmi ses principaux ouvrages coloniaux figurent le Temple del Carmen, un monument baroque du XVIe siècle, la chapelle d'Aranzazu, de style churrigueresque, construite en 1690 pour les franciscains, ses ornements en stuc peint de turquoise et de rose sont surprenants et l'église San Francisco, également deux joyaux du baroque potosinois.

L'édifice des anciennes Caisses royales, destinées à recouvrer pour la couronne d'Espagne un cinquième des transactions sur les métaux offre un bon exemple d'architecture civile baroque.

■ PLAZA DE ARMAS OU JARDIN HIDALGO

Centre de l'activité citadine, où se concentrent la cathédrale, les palais municipal et gouvernemental.

■ CATHÉDRALE

Avec ses statues en marbre blanc de Carrare, elle fut commencée au XVIIe siècle, mais sa tour nord ne fut érigée qu'au XXe siècle. Elle conserve quelques peintures qui appartenaient au vice-roi.

■ LE PALACIO MUNICIPAL

Il date du XIXe siècle ; son patio est orné d'une fontaine sculptée, avec trois têtes de lion.

■ LE PALACIO DE GOBIERNO

Un autre bel édifice néoclassique à la façade austère et raffinée d'un rose pâle, il a accueilli des célébrités dont Benito Juárez en 1863 et 1867.

■ MUSEO REGIONAL POTOSINO

Il rassemble des objets préhispaniques concernant notamment les Indiens huastèques. À l'étage, on pourra voir l'extravagante Capilla de Aranzazú, une chapelle privée pour moines, construite au milieu du XVIIIe siècle dans un mélange de styles churrigueresque et baroque.

■ MUSEO NACIONAL DE LA MÁSCARA

Logé dans un bel édifice du XIXe siècle, il présente une riche collection de masques de cérémonie de différentes régions du pays, accompagnée d'explications sur leur utilisation lors des danses et rituels.

■ PLAZA DE MARIACHIS

Très agréable en fin de journée, une foultitude de mariachis costumés prêts à vous jouer des sérénades pour quelques pesos.

■ CERRO SAN PEDRO

On pourra voir les ruines d'un beau village où vivaient 5 000 personnes au XVIIe siècle. C'était alors une grande exploitation minière. Les mines ne fonctionnent plus depuis plus de trente ans. Aujourd'hui, le village, quasiment abandonné, abrite une trentaine d'habitants.

Río Verde

À partir de cette petite ville, qu'on atteint par une route de montagne, on peut aller visiter l'attraction principale de la région : Media Luna, une lagune située à 980 m d'altitude, d'une profondeur de 36 m, d'une température constante de 26 à 28 °C, sans courants ni poissons dangereux, et offrant une visibilité qui va jusqu'à 35 m de profondeur. On y fait de la plongée, on peut également s'y baigner.

■ MISSION SANTA MARÍA ACAPULCO

À 105 km de Río Verde, se trouve la mission Santa María Acapulco, du XVIIe siècle, dans une région traditionnellement habitée par les Pames qui conserve encore leur langue et certaines de leurs institutions socio-politiques. C'est dans cette région, à Tamasupo, que l'on trouve la plus haute cascade de l'Etat, Tamul (102 m de hauteur). Plus loin, au sud de Ciudad Valles, le Sótano de las Golondrinas est un gouffre de 333 m de profondeur d'où jaillissent, pendant vingt minutes, des milliers d'hirondelles entre 7h et 8h.

Monterrey

Monterrey est la troisième ville et la capitale industrielle du Mexique. Sur la Plaza Hidalgo, se dresse le vieil hôtel de ville, désormais transformé en un musée consacré à l'histoire de Monterrey. L'entrée donne sur la Gran Plaza qui, par sa surface (40 hectares), est considérée comme la plus grande du monde. À une extrémité, une statue géante de Rufino Tamayo représente le soleil. Plus loin se dresse le Marco ou Museo de Arte Contemporeano de Monterrey. Le musée illustre parfaitement la relation entre la haute culture et la haute finance.

■ **PARQUE ECOLOGICO CHIPINQUE**
Dans la Sierra Madre orientale, 1 625 ha avec une altitude allant de 800 à 2 200 m. Idéal pour le mountain bike, la randonnée ou le vol libre.

Coahuila (État du)

L'Etat du Coahuila est gigantesque, désertique et très peu peuplé.

Zona del Silencio

Située sur le même parallèle que les pyramides d'Egypte, le triangle des Bermudes et l'archipel de Hawaï, la Zona del Silencio est une des attractions de cette région lagunaire. On y a observé trois phénomènes intéressants : l'interruption des ondes électromagnétiques hertziennes, la fréquente chute de météorites et la présence de métaux inconnus. On y trouve les grottes del Rosario.

Réserve de la Biosphère de Mapimí

L'attraction principale de la réserve est le pont, suspendu à deux tours, le plus ancien de l'Amérique latine. Il est long de 310 m, large de 1,8 m et à une hauteur de 17 m. Construit en fer et en bois, il est utilisé pour le transport de divers minéraux de la mine d'Ojuela. Sa ressemblance avec le Golden Gate de San Francisco lui a valu d'être maintes fois filmé.

Canyon de Dinamita

Beau panorama où naît la Sierra del Sarnoso, avec un village où fut installée une usine d'explosifs.

Cuatrocienegas

Surprenant mélange de culture mexi-caine et de paysages à couper le souffle. Ville fondée en 1800 sur les ruines de la mission jésuite de l'ordre de San Pedro. La vallée, quant à elle, est classée Réserve naturelle, avec des espèces animales et végétales uniques au monde. Une chaîne de petits lacs, reliés entre eux, offre la possibilité de nager dans le désert. Cousteau y aurait même découvert une espèce de poisson endémique.

Sur la plage de Cancún.

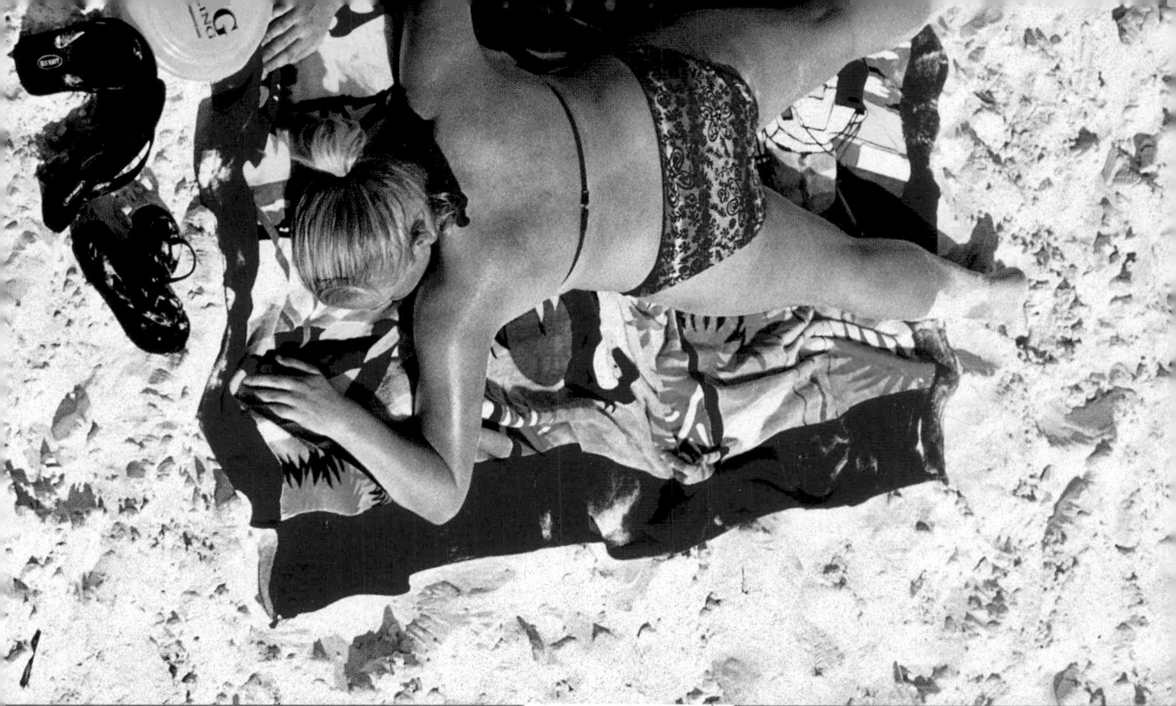

PENSE FUTÉ

Pense futé

Adresses utiles

■ **AMBASSADE DE FRANCE SUR PLACE**
Campos Eliseos 339 Colonia Polanco - 11560 Mexico DF
✆ *+00 52 (55) 91 71 97 00*
Fax : +00 52 (55) 917 19 893
www.ambafrance-mx.org

■ **OFFICE DU TOURISME EN FRANCE**
4 rue Notre-Dame-des-Victoires 75002, Paris, France
✆ *: +00 33 1 40 15 07 72*
Fax: +00 33 1 42 860 580
www.visitmexico.com

Argent

Monnaie

▶ **Monnaie :** le peso. Son symbole graphique est $ (à ne pas confondre avec le dollar américain). Son écriture bancaire est MXN.

Pourboire

Au restaurant et dans les cafés, l'usage est de laisser entre 10 et 15 % de la note finale au serveur : c'est souvent un revenu important pour lui. Les Français dans ce domaine ont mauvaise réputation. On dit qu'ils sont « codo », habitués à ne pas laisser de pourboire en France, ils sont sans doute moins généreux que les Américains.

Électricité

Les prises électriques mexicaines fournissent du 110 volts, du type nord-américain. Si vous comptez emporter des appareils électriques, il faudra prévoir un adaptateur de voyage international, car les prises sont pourvues d'un écartement et d'un type différent de celles que l'on trouve en Europe.

Faire – Ne pas faire

Au Mexique, il existe quelques règles de bonne conduite à respecter ainsi que quelques us et coutumes. Il est plutôt difficile d'aborder un Indigène qui se considère exploité, principalement au Chiapas où la méfiance est grande envers les blancs de peau, les gueros – terme non péjoratif. Qui plus est pour un Mexicain, un guero est souvent synonyme de gringo, de Nord-Américain, le grand frère à la fois aimé et détesté. Il est donc très important de glisser dans la conversation que l'on est français par exemple…

Les Mexicains sont assez formels, mais lors de négociations ou de relations de travail, il se peut que l'ambiance soit décontractée et amicale. Aussi, le tutoiement apparaît assez rapidement. Un petit détail : les hommes se serrent la main et pratiquent l'abrazo, ils se serrent mutuellement dans les bras l'un de l'autre mais ne se font pas la bise, cela est mal pris… Et pour dire bonjour à quelqu'un de proche, entre un homme et une femme ou entre deux femmes, on ne fait qu'une bise et toujours du même côté.

Visite de la pyramide Kukulkan, Chichén Itzá.

© SYLVIE LIGON

Formalités

Pour se rendre au Mexique, il n'est pas exigé de visa mais un passeport valable 6 mois après le retour, pour un séjour d'une durée maximale de 3 mois pour les Français et de 6 mois pour les Belges, les Suisses et les Canadiens.

➜ **Conseil futé :** avant de partir, pensez à photocopier tous les documents que vous emportez avec vous. Vous emporterez un exemplaire de chaque et vous laisserez l'autre à quelqu'un en France. En cas de perte ou de vol, les démarches de renouvellement seront beaucoup plus simples auprès des autorités consulaires.

Langues parlées

L'espagnol et les langues indigènes (au nombre de 56) sont principalement parlées dans le pays maya, Oaxaca et dans certaines zones du golfe du Mexique. Dans le secteur du tourisme, de nombreux Mexicains parlent anglais et quelques-uns français.

Quand partir ?

On peut considérer que l'année se divise en trois périodes. Qui dit affluence, dit hausse des prix et réservations nécessaires, mais également un plus grand choix d'activités proposées aux touristes. La période creuse, idéale pour bénéficier des tarifs préférentiels et ne pas avoir à croiser tous ses collègues de bureau, s'étale d'avril à juin puis de septembre à novembre. La période intermédiaire s'explique par les vacances scolaires des mois de juillet et août. La période du « boom » touristique va de décembre à mars ou avril selon les dates de la semaine sainte.

Santé

Les cas les plus courants sont les troubles intestinaux.
Le fait de changer de régime alimentaire est déjà source de perturbations, mais lorsque s'ajoute à cela une nourriture épicée préparée dans des conditions d'hygiène douteuses...

La grippe porcine ou grippe A

De nombreux cas de grippe A (type H1N1) ont été rapportés dans tous les Etats du Mexique au cours de l'année 2009. Les autorités sanitaires mexicaines sont mobilisées pour faire face à cette situation. Cependant, pendant votre séjour sur place, limitez la fréquentation des lieux de rassemblements non aérés, veillez à un lavage soigneux et régulier des mains et à l'aération des pièces dans lesquelles vous séjournez, accordez une attention particulière aux personnes les plus vulnérables, notamment les enfants et les personnes âgées. Evitez le contact avec les personnes malades et consultez un médecin sur place en cas de fièvre et de symptômes grippaux. Après votre retour, et ce, pendant une période de 7 jours, évitez les contacts rapprochés avec les enfants de moins de 1 an et en cas de fièvre ou de symptômes grippaux, prenez contact avec votre médecin en précisant votre voyage et les Etats visités.

■ **SITE INTERNET À CONSULTER POUR SUIVRE L'ÉVOLUTION DE L'ÉPIDÉMIE**
www.invs.sante.fr

■ **NUMÉRO D'INFORMATION DÉDIÉ À LA GRIPPE A**
☏ *0825 302 302 depuis la France*
☏ *+33 1 53 56 73 23 depuis l'étranger*

Cela se traduit la plupart du temps par de fortes diarrhées, également connues sous le nom de turista.

Sécurité

Le Mexique est un pays globalement sûr. Cependant, les touristes peuvent être une proie facile, surtout dans le métro, le taxi ou la rue, à la nuit tombée. Les règles ordinaires de prudence s'imposent : ne pas exhiber son appareil photo ni son portefeuille.

Téléphone

▶ **Code pays :** 52.

▶ **Téléphoner de France au Mexique :** 00 52 + indicatif région + 7 chiffres du numéro local.

▶ **Téléphoner du Mexique en France :** 00 33 + indicatif zone sans le zéro + 8 chiffres restant du numéro local.
(Exemple : 00 33 4 67 42 99 99).

▶ **Téléphoner du Mexique au Mexique d'un État à un autre :** 01 + indicatif région + 7 chiffres du numéro local.

▶ **Téléphoner du Mexique au Mexique en local :** 7 chiffres du numéro local.

Mexico											
Janvier	Février	Mars	Avril	Mai	Juin	Juillet	Août	Sept.	Octobre	Nov.	Déc.
4°/21°	6°/23°	7°/25°	9°/27°	10°/26°	11°/25°	11°/23°	11°/23°	11°/22°	9°/22°	6°/21°	5°/21°

Index

PENSE FUTÉ

137

S

T / U / V

X / Y / Z

BULLETIN D'ABONNEMENT

A retourner à :
Petit Futé mag – service abonnements
18-24, quai de la Marne - 75164 Paris Cedex 19

☐ **Oui,** je souhaite profiter de l'offre spéciale abonnement hors série pour 1 an pour 25€ au lieu de 29,90€ : je recevrai 6 n°s Petit Futé mag et le hors série 2009 Le patrimoine français de l'Unesco (parution juillet 2009).

☐ Je joins mon règlement par chèque bancaire ou postal à l'ordre de Petit Futé ma~

☐ Je préfère régler par carte bancaire :

CB n° |⎵|⎵|⎵|⎵| |⎵|⎵|⎵|⎵| |⎵|⎵|⎵|⎵| |⎵|⎵|⎵|⎵|

Expire fin : |⎵|⎵| / |⎵|⎵|

Clé : (3 derniers chiffres figurant au dos de la carte) |⎵|⎵|⎵|

Date et Signature

Mes coordonnées :
☐ Mme ☐ Mlle ☐ M.

Nom .... Prénom ....

Adresse ....

Code Postal ....Ville ....

Tél. ....

Email ....

Partagez vos bons plans sur le **Mexique**

Faites-nous part de vos expériences et découvertes. Elles permettront d'améliorer les guides du Petit Futé et seront utiles à de futurs voyageurs. Pour les hôtels, restaurants et commerces, merci de bien préciser avant votre commentaire détaillé l'adresse complète, le téléphone et le moyen de s'y rendre ainsi qu'une indication de budget. Dès lors que vous nous adressez vos bons plans, vous nous autorisez à les publier gracieusement en courrier des lecteurs dans nos guides ou sur notre site internet. Bien sûr, vous n'êtes pas limité à cette page...
Merci d'adresser vos courriers à PETIT FUTE VOYAGE, 18 rue des Volontaires, 75015 Paris ou infopays@petitfute.com

■ **Qui êtes-vous ?**

Nom et prénom ....

Adresse ....

E-mail .... Quel âge avez-vous ? ....

Avez-vous des enfants ?   ❏ Oui (combien ?)   ❏ Non

Comment voyagez-vous ?   ❏ Seul   ❏ En voyage organisé

Profession :   ❏ Etudiant   ❏ Sans profession   ❏ Retraité
         ❏ Profession libérale   ❏ Fonctionnaire   ❏ Commerçant
         ❏ Autres ....

■ **Quels sont, à votre avis, les qualités et défauts des guides Petit Futé ?**

....
....
....

■ **Votre bon plan**

Nom de l'établissement : ....

Adresse : ....

Téléphone : ....

S'y rendre : ....

Budget : ....

Votre avis : ....

....
....

AUTEURS ET DIRECTEURS DES COLLECTIONS
Dominique AUZIAS & Jean-Paul LABOURDETTE

DIRECTEUR DES EDITIONS VOYAGE
Stéphan SZEREMETA

RESPONSABLES EDITORIAUX VOYAGE
Patrick MARINGE, Morgane VESLIN
et Caroline MICHELOT

RESPONSABLE CARNETS DE VOYAGE
Christophe BERTHELIER

EDITION ✆ 01 53 69 70 18
Audrey BOURSET, Cédric COUSSEAU,
Sophie CUCHEVAL, Marjorie JUNG
et Pierre-Yves SOUCHET

ENQUETE ET REDACTION
Joanna DUNIS, Jean-Paul SANCHEZ, Laurent
BOSCHERO, Kendrick BESNARD, Nathalie NOZIERE,
Habiba BOUMLIK et Vincent LE COZ

MAQUETTE & MONTAGE
Sophie LÉCHERTIER, Delphine PAGANO,
Julie BORDES, Élodie CLAVIER et Marie AZIDROU

CARTOGRAPHIE
Philippe PARAIRE, Thomas TISSIER

PHOTOTHEQUE ✆ 01 53 69 65 26
Élodie SCHUCK

DIRECTRICE WEB
Hélène GENIN

RELATIONS PRESSE ✆ 01 53 69 70 19
Jean-Mary MARCHAL

DIFFUSION ✆ 01 53 69 70 06
Eric MARTIN, Bénédicte MOULET,
Jean-Pierre GHEZ et Antoine REYDELLET

DIRECTEUR ADMINISTRATIF ET FINANCIER
Gérard BRODIN

RESPONSABLE COMPTABILITE
Isabelle BAFOURD assistée de Bérénice BAUMONT,
Angélique HELMLINGER et Elisabeth de OLIVEIRA

DIRECTRICE DES RESSOURCES HUMAINES
Dina BOURDEAU assistée de Sandrine DELEE
et Sandra MORAIS

■ **CARNET DE VOYAGE MEXIQUE** ■

ÉDITIONS DOMINIQUE AUZIAS & ASSOCIÉS©
18, rue des Volontaires - 75015 Paris
Tél. : 33 1 53 69 70 00 - Fax : 33 1 53 69 70 62
Petit Futé, Petit Malin, Globe Trotter, Country Guides
et City Guides sont des marques déposées ™®©
© Photo de couverture : SYLVIE LIGON
ISBN - 9782746926769
Imprimé en France par
GROUPE CORLET IMPRIMEUR - 14110 Condé-sur-Noireau

Pour nous contacter par email,
indiquez le nom de famille en minuscule
suivi de @petitfute.com
Pour le courrier des lecteurs : country@petitfute.com

Ce guide a été fabriqué chez un imprimeur bénéficiant
du label IMPRIM'VERT.
Cette démarche implique le respect de nombreux
critères contribuant à préserver l'environnement.

Achevé d'imprimer en 2009